Lordship이란 우리 삶의 전 영역에서 그리스도가 주인이 되신다는 말이다. 입술로는 예수님이 주님이시라고 고백하지만 우리의 전 영역에서 그리스도는 과연 주인이 되시는가? 폴 트립은 "인터넷 세상에서 SNS 주인은 하나님이신가"라고 과감하게 질문한다. SNS로 인한 다양한 어려움들이 있지만 오늘날 가장 심각한 문제는 관계가 점점 피상적이 되어가는 것이다.

"중세 시대의 질병이 무지라면 오늘날의 질병은 속단이다"라는 말처럼 오늘날은 빠르고 쉽게 반응하는 시대이고 그로 인해 관계 속에서 갈등을 일으키는 일들이 비일비재하다. 폴 트립은 이런 상황을 타개하기 위해서 성경이라는 절대 기준을 통해 하나님께 SNS의 주인의 자리를 내어드려야 한다고 말한다. SNS가 하나님께 통제되지 않을 때 우리는 인정과 도덕적 우월성들을 통해 타인을 비난하고 자기중심성을 강화할 수 있다. 폴 트립의 처방대로 우리에게는 하나님의 은혜가 필요하다. 그 은혜는 상대방을 너그럽게 대하고, 또한 부당한 공격에서 우리를 지켜주는 방패 역할을 한다. 이 책을 통해 우리의 SNS상의 정체성을 새롭게 해야 한다. SNS도 하나님이 약속하신 약속의 땅이다. 세상의 빛으로 우리가 정복해야 할 대상이다. 그러니 노예로 살지 말라.

고상섭 그 사랑교회 담임목사, CTCKorea 이사

「SNS에서 당신은 그리스도인인가?」라는 제목을 대했을 때, 저자가 이 주제에 관하여 어떻게 이야기를 풀어갈지 궁금했다. 그리고 책을 읽는 동안 나는 이 주제에 대한 저자의 접근 방식이 옳다는 확신을 얻을 수 있었다. 이 책은 이 영역에 관하여 가장 중요한 성경적 관점이 어떤 것인지 보여 주는 추천할 만한 책이다.

저자는 현대에 나타난 SNS의 문제에 국한된 이야기를 하는 것이 아니라, 인류에게 있었던 '반응성'이라는 부분에 관하여 말하고 있다. 사람들이 타인의 생각이나 삶에 대해 보이는 반응을 의미하는 이 '반응성'은, 방향을 바꿔 타인의 생각과 삶에 영향을 미친다. 그리고 현대의 SNS는 그 반응성을 극대화했다. 이전과 비교할 수 없는 부정적 반응으로 피해가 만들어지는 시대가 된 것이다. 저자는 이 부정적 반응성에 의한 피해를 줄이는 방법을 '건강한 대화'에서 찾고, 그 대화의 내용을 다음 다섯 가지 주제 '죄, 은혜, 정체성, 영광, 영원'를 통해 점검하며 대안을 제시한다. 이후 그는 새로운 '선한 반응성'을 위해 다음 다섯 가지 실천 '자기 부인, 한계, 가치, 인간의 존엄성, 주님과의 동행'에 대해 도전하고 있다.

저자는 서두에서 성경이 모든 문제를 바라볼 수 있는 렌즈를 제공한다고 말한다. 그리고 복음의 렌즈를 통해 우리는 현대 사회의 문제를 보고 해석하고 대안을 제시하여야 한다고 말한다. 저자는 현대에 발생한 문제의 원인을 인간 본성의 차원에서 찾았고, 그것을 성경과 복음의 맥락에서 읽고 해석하고 실천적 적용을 하고 있다. 이 주제에 관하여 성경적 사고를 하기 원하는 분들, 부정적 반응성으로 인해 고통받은 경험이 있는 분들에게 이 책은 대단히 매력적인 대안이 될 것이라 확신한다. 기쁜 마음으로 즐겁게 추천한다.

조영민 나눔교회 담임목사, 「우리 가운데 서신 하나님」 저자

예수 그리스도의 복음은 우리 영혼을 구원하여 천국으로 인도하고, 지상에서는 우리 행동의 변화로 나타나야 한다. 그리고 한 걸음 더 나아가 우리의 욕망과 태도와 본능에 변화를 일으켜야 한다. 심지어 우리를 반대하거나 우리와 의견이 다르거나 우리를 해롭게 하는 사람들에 대한 우리의 반응도 복음으로 변화되어야 한다. 폴 트립은 이 시의적절한 책으로 우리 주변의 혼란에 대해 우리가 철저히 성경적으로 반응할 것을 요청하되 우리 마음과 우리 문화 깊숙이 존재하는 유해성을 거스르는 방향으로 반응하도록 요구한다. 그의 요청에 귀 기울인다면 세상은 축복을 누릴 것이며 교회는 강건해지고 주님은 영광을 받으실 것이다.

팀 찰리스 *Seasons of Sorrow, The Pain of Loss and the Comfort of God* 작가

이 책은 그리스도처럼 관계를 누릴 수 있도록 복음에 입각한 매우 풍성한 전망을 제공하고 있다. 실제적인 적용을 통해 하나님의 말씀으로 우리가 변화될 때 어떤 일이 일어날지 희망 가득한 그림을 제시한다. 온라인으로 소통하는 사람이라면 누구나 읽어야 할 필독서이다.

루스 츄 시몬스 월스트리트 저널 베스트셀러 작가, 예술가, GraceLaced Co 설립자

유익하고 시의적절한 책을 통해 폴은 과학 기술 활용에 매우 필요한 청사진을 제시해 주고 있다. 이런 활용법은 죄를 피할 뿐 아니라, 적대적이었을 공간에서 진리와 아름다움과 선과 사랑을 증진할 수 있도록 도와준다. 이 책을 추천하지 않을 수 없다.

스캇 솔즈 그리스도 장로교회 담임목사, 「아름다운 사람은 저절로 만들어지지 않는다」 저자

우리는 날마다 온라인 난장판이라는 지뢰밭을 통과하며 살아가야 한다. 그러나 우리 친구 폴 트립은 '유해한 반응성의 문화'에서 돌이켜 예수님께 반응하는 생명의 공동체로 나아가도록 우리를 돕는다. 이보다 더 솔깃하고 긴급하게 필요한 책이 어디 있겠는가?
레이 오틀런드 Renewal Ministries 회장

폴 트립은 트위터를 사용하지 않는다고 우리가 분노 일색의 반응성에서 자유로운 것은 아니라고 말한다. 소셜 미디어에서 횡행하는 극단적인 소통 방식은 이미 우리의 가정과 공동체와 교회까지 침투한 상태이다. 트립은 짜증스럽고 답답한 반응성에서 벗어나 복음 중심의 소통으로 향하는 길을 사려 깊고 친절하게 제시한다. 이 책은 모두에게 유익하겠지만 특별히 소셜 미디어에서 활약하는 기독교 지도자들에게 적극 권한다.
사라 에코프 질스트라 The Gospel Coalition 선임 작가, Faith and Work 편집자

우리는 입으로 소통하는 것 못지않게 손가락으로 소통하며, 이런 소통으로 유례없는 기회와 위험을 동시에 경험할 수 있다. 폴 트립은 깊은 지혜와 통찰로 우리를 이끌어 준다. 이 책을 읽고 큰 혜택을 보지 않을 사람은 없다.
샘 올베리 목사, 「하나님은 우리 몸에 대해 뭐라고 말씀하실까?」 저자

폴 트립은 소셜 미디어를 통해 성급하고 종종 경솔한 개입이 이루어지는 시대에 복음으로 잠시 멈추기를 해보자고 제안한다. 독자들이 잠시 멈추어 서서 우리의 사회적 플랫폼을 통해 이루어지는 기독교적 증언을 곰곰이 생각해 보도록 한다. 이런 책을 저술한 그가 너무나 고맙다. 유해한 반응성으로 얼룩진 세상에서 그리스도인들이 빛과 소금이 될 지혜를 기르는 데 주님이 이 책을 사용해 주시기를 기도한다.

존 페리티 저자, Resources, Reformed Youth Ministries 책임자, The Local Youth Worker 팟캐스트 진행자

폴 트립은 이 시대에 대한 정확하고 엄중한 진단을 제시할 뿐 아니라 소망으로 가득한 치료 계획을 제시함으로 우리가 진보할 수 있도록 돕는다. 교회를 향한 폴의 지적은 지극히 타당하다. 저 바깥세상만 분노로 들끓는 것이 아니라 여기 우리도 마찬가지이다. 복음을 강조하는 것도 옳다. 이 책의 마지막 장을 닫으면서 나는 선하시며 우리의 주권자 되신 하나님 안에서 새로운 평화를 누릴 수 있었고, 대면으로나 비대면으로 그리고 내 마음으로 하나님께 영광을 돌려드리고 싶다는 새로운 갈망을 느꼈다.

젠 오시만 *Enough about Me, Cultural Counterfeits* 저자

Reactivity: How the Gospel Transforms Our Actions and Reactions

Copyright ⓒ 2022 by Paul David Tripp
Published by Crossway
a publishing ministry of Good News Publishers
Wheaton, Illinois 60187, U.S.A.

This edition published by arrangement
with Crossway through rMaeng2, Seoul, Republic of Korea.
This Korean translation edition ⓒ 2023 by Togijangi Publishing House,
2F, 71-1, Donggyo-ro, Mapo-gu, Seoul, Republic of Korea
All rights reserved.

이 한국어판의 저작권은 알맹2를 통하여 Crossway와 독점 계약한 도서출판 토기장이에 있습니다.
저작권법에 의하여 한국 내에서 보호받는 저작물이므로 무단 전재와 무단 복제를 금합니다.

특별한 표기가 없는 모든 성경 구절은 개역개정성경을 인용한 것입니다.

소셜 미디어에서
그리스도인의 방법으로 소통하기

SNS에서
당신은
그리스도인인가?

폴 트립 지음 · 김진선 옮김

Reactivity by Paul David Tripp

How the Gospel Transforms Our Actions and Reactions

토기장이

소셜 미디어에서 그리스도인의 방법으로 소통하기
SNS에서 당신은 그리스도인인가?

폴 트립 지음 | 김진선 옮김

지금까지 함께한 팀 중에 단연 최고라 할 사역팀에게
이 책을 드립니다.
여러분은 저보다 헌신적이고 신실하며 지혜로운 분들입니다.
하나님이 제 인생길에 여러분을 보내 주시고
여러분과 함께 이 사역의 길을 가게 해주셔서 너무나 감사드립니다.

차례

서론

1 반응성	021
2 건강한 대화	043
3 죄	059
4 은혜	077
5 정체성	095
6 영광	111
7 영원	129
8 자기 부인	145
9 한계	163
10 가치	181
11 인간의 존귀함	199
12 주님과의 동행	215

주

서론

나는 훈련된 문화 비평가도 아니고 디지털 미디어 분석가도 아니지만, 성경의 렌즈와 복음이라는 특수 렌즈로 우리 내면이나 기독교 공동체 내부, 주변 문화에서 우리가 직면하고 있는 모든 문제를 들여다보는 것은 언제나 유익하다는 굳은 신념을 가지고 있다. 내가 집필한 모든 책은 바로 이런 노력의 산물이다. 나는 책을 쓸 때마다 "복음의 관점에서 이 문제를 바라본다면 어떻게 보일 것인가?"라는 질문을 스스로에게 수시로 던진다. 대부분 사람들에게 복음은 과거에 받은 칭의의 수단이자 미래의 목적지로 가는 수단이다. 감사하게도 복음은 이 두 가지를 모두 제공하지만 또한 지금 바로 여기서 우리가 세상을 바라보는 방식과 해석하는 수단, 이해하는 지침, 바람직한 삶의 방식을 제공해 준다. 복음의 진리, 복음의 위로, 복음의 요청은 우리 인생의 모든 것을 완전히 새롭게 이해하고 다룰 수 있는 방식을 선사한다. 복음은 영원한 생명에 필요한 모든 것뿐 아니라 경건에 필요한 모든 것을 주겠다고 약속하신 분의 은혜로운 선물이다. 다시 말해서 우리를 영원히 그분의 소유로 받아들이시는 시간과 우리가 그분과 함께하려 본향으로 가는 시간 사이에서 하나님을 공경하는 삶을 사는 데 필요한 모든 것을 주시기로 한 분의 선물인 것이다.

성경은 모든 문제를 총망라해서 다루지 않고 포괄적으로 다룬다는 것을 기억해야 한다. 성경은 모든 것에 대해 모든 것을 다 말해 주지 않는다. 성경이 모든 것을 다 말해 준다면 주일마다 대형 트럭 다섯 대로 그 자료를 싣고 교회에 가야 할 것이다. 성경에서 다루지 않는 내용들은 수없이 많다. 그러나 우리의 성경은 포괄적이다. 모든 문제를 다 다루지는 않지만 모든 문제를 바라볼 수 있는 렌즈를 제공한다. 나는 바로 이런 시각으로 이 책을 집필했다. 나는 현재 문화를, 특별히 우리의 소셜 미디어 문화를 이해하는 데 필요한 내용을 가능한 한 모두 제공할 것이다. 이 책의 집필 목적은 매일 우리의 모든 일상을 건드리는 유해한 반응성의 문화를 복음의 렌즈로 살펴보는 것이다. 이런 식으로 우리 문화의 지배적 주제들을 살펴볼 때 이해와 명확성을 얻으며 소명과 새로운 방향과 희망을 발견할 수 있다. 나는 복음의 영광스러운 아름다움과 심오함을 알리며 일생을 보냈다. 하나님은 이 길로 나를 부르셨고 나는 인생의 저편으로 갈 때까지 이 길을 떠나지 않을 작정이다.

우리는 수천 가지 목소리들이 뒤섞인 혼란스러운 세상의 시끄러운 소음 속에 살고 있다. 이런 시끄러운 소음 속에서는 자신이 진짜 무슨 생각을 하는지 내면에 귀 기울이기가 쉽지 않다. 디지털 미디어의 막강한 위력 앞에서 이런 불협화음을 벗어나 묵상하고 자신을 돌아볼 고요한 시간을 갖기란 거의 불가능하다. 우리는 매일 하루도 거르지 않고 수천 가지 의견과 문제들을 우리와 연결시켜 주는 작은 기기를 주머니나 핸드백에 지니고 다닌다. 자칭 인플루언서들이 우리가 어떻게 생각하고 반응해야 하는지 지시를 내린다. 아무리 사소한 주제나 아무리 중요한 주제라도 그냥 두지 않는다. 마치 온 세상 사람들이 모든 문제에 대해 할 말이 있는 것처럼 자기 목소리를 낸다. 이것은 심각한 혼란을 야기하고 이런 혼란 상태는 건강하거나 안전한 삶의 상태라 할 수 없다.

우리는 온갖 주장들의 소음을 차단하며 올바로 생각하도록 돕고 현재 우리가 직면하고 있고 앞으로 직면하게 될 문제에 적절히 대처하도록 도와줄 무엇인가가 절대적으로 필요하다. 나는 잠언 1장에서 하나님이 그 자신의 진리를 말씀하시는 방식이 너무나 좋다.

이는 지혜와 훈계를 알게 하며

명철의 말씀을 깨닫게 하며

지혜롭게, 공의롭게, 정의롭게, 정직하게

행할 일에 대하여 훈계를 받게 하며

어리석은 자를 슬기롭게 하며

젊은 자에게 지식과 근신함을 주기 위한 것이니

지혜 있는 자는 듣고 학식이 더할 것이요

명철한 자는 지략을 얻을 것이라

잠언과 비유와 지혜 있는 자의 말과

그 오묘한 말을 깨달으리라

여호와를 경외하는 것이 지식의 근본이거늘

미련한 자는 지혜와 훈계를 멸시하느니라

_잠 1:2-7

이제 하나님이 말씀하신 진리와 그 말씀이 우리에게 갖는 의미를 살펴보고자 한다. 첫째, 하나님은 그분의 진리가 일상생활 속에서 **실제적 영향력**이 있음을 우리가 알기를 원하신다. 그분의 진리가 우리 매일의 삶에 영향을 미치고 우리 일상을 형성하여야 한다("지혜롭게 행할 일에 대하여 훈계를 받게 하며", "명철한 자는 지략을 얻을 것이라"). 그분은 그분의 진리가 모든 것을 평가할 수 있는 **도덕적 기준**이 됨을 우리가 알기를 원하신다("공의롭게, 정의롭게, 정직하게 행할 일에 대하여 훈계를 받게 하며"). 또한 그분의 진리가 **모든 사람의 필요를 충족시킨다는 것**을 우리가 알기를 원하신다("어리석은 자를 슬기롭게 하며 젊은 자에게 지식과 근신함을 주기 위한 것이니 지혜 있는 자는 듣고 학식이 더할 것이요"). 또한 그분의 말씀이 이해하지 못할 **신비를 이해하도록** 도와준다는 사실을 우리가 알기를 원하신다("잠언과 비유와 지혜 있는 자의 말과 그 오묘한 말을 깨달으리라"). 성경 혹은 복음의 렌즈는 매일 우리를 압박하는 문제들과 싸울 때 바로 이런 식으로 우리를 도와줄 수 있다.

이 책은 이런 현재의 문화적 순간들에 대해 과학적이고 사회학적인 점검을 광범위하게 진행하는 데 목적이 있지 않다. 대신 복음의 안경을 쓰고 개인적인 차원에서, 더 집중적으로는 우리가 매일 참여하는 인터넷 커뮤니티에서 이루어지는 대화의 성격과 어조를 살펴볼 것이다. 바라기는 복음의 렌즈로 우리가 서로에게 하는 말과 그 말을 하는 태도를 살펴보는 작업을 통해 지식을 얻는 데서 그치지 않고 우리의 상태를 통렬히 고백하고 변화되는 계기가 되었으면 한다. 그래서 주변에 넘쳐나는 유해성에 휩쓸리지 않고 어둠으로 뒤덮인 세상을 밝히는 언덕 위의 성처럼 복음의 빛을 비추는 공동체가 되기를 바란다.

1
반응성

내가 트위터에 처음 글을 올린 때는 2009년 2월이었다. 나는 인터넷의 등장과 지금 소셜 미디어라고 부르는 것의 등장을 큰 관심을 갖고 지켜보았다. 이런 변화를 지켜보면서 인간 공동체가 서로 연결되고 소통하는 방식에 대격변이 일어나리라는 심증을 점점 더 굳히게 되었다. 이런 인터넷 기반의 새로운 미디어들은 예수 그리스도의 복음의 강력한 도구가 될 수 있다고 생각했다. 그리고 오직 복음에 관한 내용만 게재하겠다고 결심했다(재미 삼아 올리는 개인 인스타그램 페이지는 제외하고). 이제까지 13만 개가 넘는 글을 트위터에 올렸고 지금도 여전히 아침마다 잠에서 깨면 맨 꼭대기 층에 있는 가족실에 앉아 복음에 관한 그날의 생각 세 가지를 트위터에 게재한다. 할 수 있다면 가능한 한 이 일을 계속할 작정이다. 의자를 떠나지 않고서도 전 세계의 사람들과 예수 그리스도의 위격과 사역에 관한 놀라운 진리를 주제로 소통할 수 있고, 그들이 매일의 일상에 그 진리들을 접목하도록 도와줄 수 있기 때문이다. 실제로 수백, 수억 명의 사람들이 필라델피아의 그 작은 방에 있는 내 책상을 통해 복음을 만났다. 우리 손에 얼마나 엄청난 도구가 들려 있는지 놀라울 따름이다!

그러나 어떤 도구든지 문제가 있다. 집을 짓는 데 사용할 수 있는 망치는 강도가 남의 창문을 부수는 용도로 사용될 수 있다. 물건을 조립하는 데 유용하게 사용할 수 있는 드라이버는 화를 주체하지 못하고 남을 찌르는 데 사용될 수 있다. 소셜 미디어도 예외는 아니다. 오늘날 트위터는 2009년도의 트위터가 아니다. 나는 지금의 트위터상에서 목격하는 심각한 어둠을 보고 충격을 받을 때가 한두 번이 아니다. 그 어둠은 상당 부분 모니터와 키보드라는 보호막 뒤에 숨어 익명으로 서로 소통하는 방식에 원인이 있다. 나는 복음과 그 복음이 우리의 일상에서 요구하는 요청 외에 다른 내용은 일절 게재하지 않지만, 나의 신념과 인격과 동기를 비방하는 너무나도 극악스러운 사람들의 반응에 시달릴 때가 적지 않다. 막스주의자라거나 복음을 저버렸다거나 심지어 더 이상 그리스도인이라고 하지 말라는 말도 들었다.

사람들이 나를 모욕하는 글들을 보면 내가 올린 글의 전문을 다 읽지 않았음이 분명한 내용들이 적지 않다. 사람들은 제목이나 첫 줄만 보고 반응을 보인다. 이제 이런 식의 즉각적인 반응은 너무나 일상적이 되었다. 성급하게 반응하기 때문에 서로 간의 소통은 비난 일색이며 비신앙적이고 무례하다. 또한 그 내용은 대체로 도움이 되지 않는다. 나는 하나님의 일을 배우는 겸손한 학생으로 살고자 최선을 다했다. 내가 책망이나 지적을 받을 필요가 전혀 없는 완벽한 사람이라고 생각하지는 않는다. 아직도 배워야 할 것이 많다는 사실을 잘 알고 있다. 그리스도의 몸인 교회는 성화의 사역을 감당해야 함을 확실히 믿는다. 나의 신앙과 그 신앙을 체계화한 신학은 공동체성을 지녀야 함을 믿는다. 그러나 혐오의 소통 방식은 누구에게도 도움이 되지 않는다. 무례한 반응은 그 반응을 받는 사람의 삶에 긍정적으로 기여하지 않는다. 이런 식의 즉각적인 반응은 상대방을 불쾌하게 할 뿐 아니라 하나님을 모욕할 수 있다. 경건하고 지혜로운 성도들의 게시물에 대한 추하고 모멸스럽고 무례하며 비난 일변도의 반응들을 읽을 때 우리 마음이 어떻게 무너지지 않을 수 있겠는가?

한때 놀라울 정도로 강력하고 효과적인 복음의 도구라고 생각했던 트위터가 이제는 누군가에 대한 비난이 난무하는 악의 소굴처럼 인식되고 있다. 그런 난장판을 표현하기 위한 새로운 용어도 등장했다. 선의의 선량한 사람들에게 비난 일변도로 반응하고 공격하는 사람을 소셜 미디어에서 '트롤'troll 이라고 한다. 슬프게도 소셜 미디어에는 이런 트롤들이 넘쳐난다. 악의적인 반응의 정도가 너무 심해서 목회자 친구들은 트위터 금식 기간을 가질 필요를 느낄 때가 자주 있다. 다시 말해서 잠시라도 그 어둠에서 스스로를 격리할 필요를 느낀다는 것이다. 무분별한 반응, 사랑으로 하지 않는 반응, 상대를 존중하지 않는 반응, 정직한 자기 점검으로 조율되지 않은 반응, 권면이 아닌 비난을 위한 반응, 겸손이 아니라 교만으로 점철된 반응, 사려 깊은 성찰이 아닌 즉흥적 감정에 치우친 반응은 절대 경건하고 아름다운 것을 만들어낼 수 없다.

그러나 슬프게도 유해한 반응성의 문화는 소셜 미디어에만 국한되지 않는다. 지금의 정치 문화를 생각해 보라. 상대방을 존중하며 배려하던 시민 담론의 시절은 영영 사라진 것처럼 보인다. 상대를 존중하는 품위를 바탕으로 한 협조 정신은 정치와 정부가 제 기능을 하는 데 필수적이지만 이제는 거의 실종 상태이거나 마지막 호흡을 몰아쉬고 있는 것처럼 보인다. 정치인들은 품위 있고 생산적인 토론을 이끌어가기보다 서로에게 모욕적인 언사를 내뱉고 비난하는 데 더 익숙한 것 같다. 2016년 공화당 후보 경선 과정은 우리를 모두 충격과 슬픔에 빠뜨렸다. 계속되는 토론회에서 나타난 상호 간의 낯 뜨거운 비난성 반응은 우리가 그토록 소중히 여기는 민주주의의 가치를 모독하고 훼손했다. 민주당과 공화당이 서로를 비방하는 데 열을 올리는 한, 그들이 대표하는 시민을 대신하여 마땅히 해야 할 일을 제대로 감당하기란 매우 어렵다. 정치와 정부에서 인품이 정말로 중요하다면 이런 추한 반응이 횡행하는 현실을 보고 우리는 슬퍼하며 염려해야 마땅하다.

그러나 이 책을 쓰게 된 결정적인 이유는 또 다른 본질적인 영역에서 이런 반응성 문화가 득세하기 때문이다. 슬프게도 이렇게 역기능적이고 파괴적인 소통 문화는 예수 그리스도의 교회까지 오염시키고 더럽히고 있다. 예수님은 마지막으로 제자들에게 사랑의 교훈을 주시는 순간에, 승천 후 제자들이 믿음의 삶을 살도록 준비시키기 위해 이렇게 말씀하셨다. "너희가 서로 사랑하면 이로써 모든 사람이 너희가 내 제자인 줄 알리라"(요 13:35). 이 말씀을 깊이 묵상하라. 예수님은 제자의 표지, 즉 우리가 은혜로 덧입음을 받고 구원받고 변화되었다는 핵심적 지표는 우리의 신학적 탁월성이나 재치, 뛰어난 토론 실력, 사역의 성공, 팔로워의 수, '좋아요'를 유도하는 능력, 상대방을 효과적으로 제압하는 능력, 의사소통 능력이 아니라고 말씀하고 계신다. 그 핵심적 지표는 한 가지, 즉 사랑이다.

타인을 사랑하는 것은 우리에게 자연스러운 일이 아니다. 죄의 이기성으로 인하여, 겸손하게 사람들을 돕고 하나님을 공경하는 사랑은 언제나 하나님이 개입하신 결과이다. 요한이 말한 대로 우리가 서로를 사랑하는 능력을 가질 수 있는 이유는 우리가 먼저 하나님의 사랑을 받았기 때문이다(요일 4:19). 요한은 심지어 이렇게까지 말한다. "사랑하는 자들아 우리가 서로 사랑하자 사랑은 하나님께 속한 것이니 사랑하는 자마다 하나님으로부터 나서 하나님을 알고 사랑하지 아니하는 자는 하나님을 알지 못하나니 이는 하나님은 사랑이심이라"(요일 4:7-8).

하나님은 사랑이시므로 하나님을 알고 그분과 교제하는 사람은 모두 사랑을 특징으로 하는 삶을 살게 되어 있다. 잠시 멈추어 서서 이 책을 내려놓고 성경을 꺼내어 요한일서 4장을 읽어 보라. 하나님의 자녀들이라면 무슨 일을 하더라도 사랑으로 해야 한다는 요한의 주장이 이 이상 더 강렬할 수 없다. 당신은 제자도의 이 핵심 표지를 지니고 있는가? 어떤 말을 하든지 사랑으로 하는가? 어떤 반응을 하든지 사랑으로 갈무리하는가? 사랑의 사람으로 사람들에게 인정을 받는가? 자신의 주장을 관철시키려고 사랑을 내버리지는 않는가? 사랑으로 반응하기 위해 시간을 갖기보다 성급하게 무작정 반응하지는 않는가? 겸허하고 참을성 있게 사랑으로 온유하게 반응하기보다 신속하고 재치 있게 거절하고 싶은 마음이 앞서지는 않는가? 우리 중 많은 이들은 요한일서 4장에서 제시한 기준과는 동떨어진 태도로 반응하고 있다.

앞에서 말한 트위터상의 수많은 잘못된 반응들은 슬프게도 그리스도인 상호 간의 반응이었다. 내가 매일 접하는 게시물들은 사랑이라곤 흔적조차 보이지 않는 그리스도인들의 게시물이 거의 대부분이다. 거칠고 무례한 자기 과시성 비난, 글을 게시한 사람이나 읽는 사람은 물론이고 하나님의 백성들의 명성에 미칠 부정적 영향은 조금도 고려하지 않고 쏟아내는 비판의 글들을 읽는다. 그러나 이런 사랑의 결여는 소셜 미디어 문화의 일환으로만 볼 수 없다는 점을 다시 한 번 강조한다. 이런 사랑의 결여는 그리스도의 몸인 교회에서 매일 볼 수 있는 반응이다.

나는 14명의 젊은 사역자들을 정기적으로 멘토링하며 개별적인 만남을 갖고 있다. 지금 내가 하고 있는 일 중에 가장 중요한 일일 수도 있다는 생각이 든다. 이들을 만나러 갈 때마다 나는 내가 하고 있는 일에 대한 자부심으로 가득 찬다. 이 일을 하도록 하나님의 선택함을 입었고 젊은이들에게 줄 것이 있다는 사실은 하나님의 개입하시고 변화시키시는 은혜의 능력을 반증한다. 이 훌륭한 젊은 사역자들과 대화하면서 나는 그들이 사랑하고 섬기려고 애썼던 사람들에게서 받은 볼썽사납고 무례한 반응에 대한 이야기를 수없이 들었다. 그러나 내가 가장 염려스럽게 생각하고 충격을 받았던 슬픈 일은 그런 매정한 반응이 대부분 목회자의 설교 도중에 문자를 보내는 식으로 이루어졌다는 것이었다. 한번 생각해 보라. 그 사람은 설교를 끝까지 듣고 판단해도 된다는 생각조차 없었다. 온 힘을 다해 설교를 하고 나서 바로 그 문자를 보았을 때 그 목회자의 심정이 어떨지 생각하고 망설이지도 않았다.

목회자들은 잇달아 월요일 아침에 이메일을 확인하는 일이 얼마나 두려운지 털어놓았다. 거의 대부분 설교 중에 언급했던 일로 그들의 동기나 신학이나 인격까지 트집 잡고 비난하는 내용이기 때문이다. 혹은 한 가지 광고나 복도에서 나눈 짧은 대화, 주일 집회 중이나 후에 했던 일이나 하지 않았던 어떤 일로 그들을 비난하는 내용이 대부분이었다. 한 목회자는 이렇게 말했다. "월요일은 정말 괴로운 날입니다. 주일에 감정적으로나 신체적으로 힘을 소진해서만이 아니라 내가 사랑하고 섬기는 사람들에게서 받는 이메일과 메시지 때문에 더 힘들고 고통스럽습니다." 목회자들에게 이런 하소연을 들을 때마다 "이로써 모든 사람이 너희가 내 제자인 줄 알리라"는 예수님의 말씀이 귀에 쟁쟁하게 울린다. 물론 목회자 역시 여전히 성화되어 가는 과정에 있는 사람이며 완벽하지 않다. 당연히 모든 목회자는 말이나 행동으로 실수를 저지른다. 또한 모든 젊은 목회자는 마음에 성숙해야 할 부분이 있고, 의사소통에 미숙하며, 인격과 행동에서 성숙해야 할 부족한 부분이 있다. 당연히 모든 사역자는 그리스도의 몸의 한 지체이며 다른 모든 이들과 마찬가지로 성장하기 위한 노력이 필요하다. 그러나 그와 그의 사역에 대한 악의적이고 무례하며 비난 일색의 반응을 받아들일 자리는 여전히 존재하지 않는다.

나는 이런 반응성 문화가 우리의 가정에도 뿌리내리지

않을까 두렵다. 우리는 가정에서 서로에 대해 겸허하며 용서하고 참아 주는 사랑이 아니라 격앙된 감정에 휘둘려 반응할 때가 적지 않다. 가정 안에서 짜증, 분노, 상처, 조바심과 같은 순간적인 감정은 우리가 생각하는 것보다 훨씬 더 서로의 반응에 영향을 미친다. 솔직히 말하도록 하자. 남편과 아내가 건강하게 소통하지 않고 서로 치고받는 식으로 반응하는 경우는 흔하게 볼 수 있다. 이런 반응들은 성경적 사려 깊음이 결여되어 있고, 깊은 고민을 거치지 않고 즉각적으로 감정을 표출하는 경우가 많기 때문에 화를 진정시키기보다 더 돋우기 일쑤이다. 자녀 양육도 마찬가지이다. 부모들은 자녀들에게 필요한 마음의 변화라는 중요한 목표를 진척시키는 데 하등 도움이 안 되는 감정적인 반응을 보이기가 너무나 쉽다.

이 책이 우려하는 바가 바로 이런 부분이다. 반응성은 새로운 현상이 아니다. 에덴동산으로까지 거슬러 갈 수 있다. 굳이 새로운 부분을 찾는다면 이런 식의 반응이 점점 더 일반화되고 있다는 점이다. 우리가 이미 트위터와 다른 소셜 미디어의 상태에 익숙해진 것은 아닌지 염려스럽다. 우리는 종종 서로를 헐뜯고 비난하는 정치적 대화를 수동적으로 묵인하고 수용했다. 목회자들은 교인들이 그들과 그들의 사역에 반응하며 가하는 공격에 익숙해졌다. 우리가 가족과 나누는 대화를 공개한다면 당황스러운 내용이 대부분일 것이다. 우리는 은혜의 문화라기보다 해악의 문화에 더 가까운 반응성 문화를 정상인 양 받아들일 수 없고 그렇게 해서도 **안 된다.** 나는 당신이 필요하고 당신은 내가 필요하지만 계속 서로 비난하고 다툰다면 조만간 대화를 포기하게 될 것이다. 이런 뒤틀린 의사소통 방식과 이것이 관계에 미치는 영향은 매우 부정적이다. 성경은 관계들이 하나님의 지속적인 구원과 변화의 사역에 본질적이라고 말한다.

하나님의 놀라운 은혜의 능력으로 우리는 이보다 더 잘할 수 있다. 그러므로 우선 나는 결코 정상적인 것으로 받아들여서는 안 되는 서로에 대한 우리의 반응을 구체적으로 확인하는 것부터 시작하고 싶다. 그다음에는 이 책의 남은 지면을 모두 할애해 더 나은 반응 방식을 제안하고자 한다. 여러 면에서 내가 제안하고자 하는 방식은 하나님 말씀의 옛 지혜와 그 중심 주제인 예수 그리스도의 복음에 뿌리를 두고 있으므로 새로운 것이 아니다.

하나님이 비정상이라 하신 것을 정상이라 우기지 말라

하나님은 그분의 자녀들이 사랑을 기준으로 삼아야 한다고 분명히 못 박으셨다. 우리의 말을 예의주시하며 듣고 있는 세상은 바로 이 사랑으로 우리가 그분의 제자임을 알게 된다. 우리는 우리 신학의 순수성으로 인정받아야 할 뿐 아니라 한결같은 사랑으로 인정받아야 한다. 이 사랑은 예수님이 지상에서 제자들과 보낸 마지막 기간에 주신 새로운 계명이다. "서로 사랑하라 내가 너희를 사랑한 것같이 너희도 서로 사랑하라"(요 13:34). 서로에 대한 우리 반응의 기준은 단순한 상냥함이나 인간적인 사랑이 아니다. 하나님이 그분의 아들을 통해 우리에게 아낌없이 부어주신 희생적이고 순결하며 용서하는 신실한 사랑이다.

이제 나에 대해 먼저 밝힐 부분이 있다. 내게는 이런 사랑이 전혀 자연스럽지 않다는 것이다. 하나님이 자기 자녀들을 위해 선택해 주신 기준대로 살고 싶다면 이런 사랑이 내게 얼마나 낯선지 먼저 고백하고 그분의 구원하시며 변화시키시는 은혜를 구하는 일부터 해야 한다. 알다시피 나는 주변의 사랑하기 힘든 사람들에게서 벗어나 사랑하기 쉬운 사람들이 많은 공동체로 옮길 필요가 없다. 오히려 나는 누구도 아닌 내게서 구원을 받아야 한다. 우리 주님이 재림하실 때까지 나는 여전히 결함투성이의 사람으로 살아가고, 타락한 세상에서 결점투성이의 사람들과 가까이 살며 관계를 유지하게 될 것이기 때문이다. 위에서 설명한 세계에서 하나님의 기준은 그분의 은혜의 강력한 역사의 결과일 뿐이다.

그러므로 "사랑하라"는 명확한 그분의 부르심과 능력을 입혀 주시는 은혜에 대한 약속이 있기 때문에 서로에 대한 일상적인 반응에서 절대 정상적으로 받아들이면 안 되는 것들이 있다.

1. 감정에 휩쓸린 반응의 일상화. 성화되어 가는 과정에 있는 불완전한 우리는 압도적이고 본능적인 감정에 쉽게 휩쓸릴 수 있다. 때로 상처를 입을 수도 있고 두려움이나 짜증, 분노의 감정에 휩싸일 수도 있다. 이런 감정이 이끄는 대로 따라간다면 결코 하지 말아야 할 말을 하거나 해서는 안 되는 행동을 하게 된다. 그러므로 하나님이 원하시는 대로 반응하는 삶을 살고 싶다면 아니라고 거절하는 훈련을 해야 한다. 일종의 손절 문화처럼 다른 사람들을 향해 안 된다는 말을 남발하라는 뜻이 아니다. 스스로에게 안 된다고 말하라는 것이다. 즉각적인 감정에 휩쓸릴 때 "안 돼"라고 말하고, 두려움에 내몰릴 때 "안 돼"라고 말하고, 종종 다른 사람들에게 상처를 주고 싶을 때 "안 돼"라고 말하라는 것이다. 어떻게 이런 거절이 가능한가? 하나님은 '이미'와 '아직' 사이에 있는 우리에게 아직 남은 죄와의 싸움이 너무나 거대함을 아셨다. 그래서 단순히 용서의 약속만 하시지 않고 그분의 성령으로 우리의 속사람을 통치해 주신다. 우리 안에 내주하시는 성령은 격렬한 감정에 휩쓸리지 않도록 "안 돼"라고 말하고 돌아서서 절제된 사랑의 방향으로 갈 힘을 축복으로 주신다. 성령의 함께하심과 능력으로 불가능한 일이 가능해지는 것이다. 얼마나 기쁘고 힘이 되는 일인가.

2. 분노에 휩쓸린 반응의 일상화. 앞에서 분노에 대해 이야기했지만 여기서 이 감정을 더 집중해서 살펴보고자 한다.

굳이 세세하게 들여다보지 않더라도 우리가 분노의 문화 속에 살고 있다는 사실은 쉽게 확인할 수 있다. 우리는 어떤 식으로든 응징이 필요할 정도의 불쾌감을 유발하는 사람을 향한 분노를 매일 일상에서 접한다. 사소한 실수나 잘못이나 비난에도 치를 떨며 견디지 못하고 반응하는 세태를 보고 우리는 모두 경각심을 가져야 한다. 우리는 화가 나 있고 사람들에게 그 사실을 알릴 준비가 되어 있다. 저기 밖에는 보복할 태세를 갖춘 분노한 독자와 청중이 한두 명이 아니기 때문에 무슨 말을 하거나 게시하더라도 매우 신중해야 한다.

나는 분노의 상태에 대해 생각하면서 야고보의 말이 자꾸 떠올랐다. "내 사랑하는 형제들아 너희가 알지니 사람마다 듣기는 속히 하고 말하기는 더디 하며 성내기도 더디 하라 사람이 성내는 것이 하나님의 의를 이루지 못함이라"(약 1:19-20). 듣기는 속히 하고 말하기는 더디 하며 분노에 차서 반응하지 않는 사람으로 인정받는 우리가 되기를 바란다.

3. 무례한 반응의 일상화. 기독교 커뮤니티의 트위터(그리고 다른 소셜 미디어)에서 볼 수 있는 살벌한 비난과 노골적 조롱의 수위는 숨이 막힐 정도로 심각하고 절망스럽다. 신학적으로 옳다고 해서 무례하게 굴어도 된다는 면허증을 받은 것은 아니다. 성경적 진리를 방어한다고 해서 의견이 다른 상대방을 조롱해도 되는 것은 아니다. 스스로 옳다고 생각한 것을 대변한다고 해서 입장이 다른 사람의 생각과 진정성을

마음대로 의심해도 된다는 의미는 아니다. 제대로 이해하고 삶으로 실천한 신학이라면 결코 비열함, 여성혐오, 무례함, 조롱, 잔인함으로 이어지지 않는다. 오히려 정반대로 나타날 것이다.

바울의 말을 들어보라. 그는 스스로 믿고 이해한다고 말하는 진리가 사랑으로 표현되지 않는다면 자신의 생각과 달리 제대로 진리를 이해한 것이 아니라고 말한다. "이 교훈의 목적은 청결한 마음과 선한 양심과 거짓이 없는 믿음에서 나오는 사랑이거늘 사람들이 이에서 벗어나 헛된 말에 빠져 율법의 선생이 되려 하나 자기가 말하는 것이나 자기가 확증하는 것도 깨닫지 못하는도다"(딤전 1:5-7).

얼마나 직접적이고 단호한가. 항상 진리와 사랑을 함께 고수하는 은혜가 있기를 기도한다. 절대 진리를 위해 사랑을 희생해서는 안 된다.

4. 자기 의라는 반응의 일상화. 겸손은 죄나 약점, 실패, 미성숙, 오류, 혹은 남들의 반대에 반응하는 태도의 근본적인 변화로 나타난다. 자신이 얼마나 엉터리일 수 있는지, 나 역시 얼마나 몰지각하고 교만할 수 있는지, 여전히 오래 참는 데 얼마나 힘들어하는지 인정한다면 섣불리 남들을 공격하거나 비난하지 못할 것이다. 더구나 더 깊이 알고 이해하며 성경적으로 더 옳은 위치에 도달했다 하더라도 그것은 오직 신적 은혜의 개입으로 가능한 것이다.

겸손하면 스스로 남들과 다를 바 없는 존재임을 알기 때문에 쉽게 남을 비난하거나 판단하거나 묵살하려 하지 않는다. 우리는 스스로 확신하며 고수하고 있는 법으로 남들을 판단하기 쉽다. 자신이 항상 옳다고 확신하는 사람은 누군가의 잘못에 대해 성급하게 판단하고 비난하게 된다. 내가 생각하는 온전한 삶의 기준에 부합하게 살지 못하는 이들을 열등하고 약한 존재라고 너무나 성급하게 단정할 수 있다. 나에게 별로 이득이 되지 않는 사람이라고 판단할 때 그 사람의 말을 무시하고 귀를 막기 쉽다. 자기 의는 인간 공동체를 위험하고 유해한 곳으로 만든다. 그런 곳에서는 분노와 비판이 횡행하고 정직에는 위험이 따르며 자기 생각을 말하면 대가를 치러야 한다. 항상 본인이 옳다는 식의 태도로는 절대 인내하며 겸손하게 사람들에게 반응할 수 없다. 사실 우리가 가진 것 중에 가치 있는 것은 모두 받은 것이므로 받은 것을 내 것이라고 자랑해서는 안 된다. 또한 받지 않은 사람이라고 깔보아서도 안 된다(고전 4:7 참고).

5. 앙갚음으로 반응하는 태도의 일상화. 트위터의 반응들을 잠깐 살펴보면 언쟁을 벌이고 비난하거나 지적하는 것은 물론이고 상대방에게 해를 끼치는 반응이 특수한 경우가 아님을 알 수 있다. 어떤 게시물을 보고 상처를 받은 사람은 그 상처를 되갚아 주거나, 한 개인의 명예를 훼손하거나, 심지어 누군가의 경력을 완전히 끝장나게 하는 식으로 심각하게

반응하기도 한다. 여기서 꼭 기억해야 할 일이 있다. 보복성 분노는 항상 하나님의 일을 대신하고자 시도한 결과라는 것이다. 마음을 판단하시는 분은 오직 한 분이다. 거룩하고 공정하며 완전한 판단을 하실 수 있는 분은 한 분밖에 없다. 사도 바울이 오늘날의 반응성 문화를 염두에 두고 쓴 듯한 구절에서 언급한 실제적이고 강력한 권면을 생각해 보라.

> 아무에게도 악을 악으로 갚지 말고 모든 사람 앞에서 선한 일을 도모하라 할 수 있거든 너희로서는 모든 사람과 더불어 화목하라 내 사랑하는 자들아 너희가 친히 원수를 갚지 말고 하나님의 진노하심에 맡기라 기록되었으되 원수 갚는 것이 내게 있으니 내가 갚으리라고 주께서 말씀하시니라 네 원수가 주리거든 먹이고 목마르거든 마시게 하라 그리함으로 네가 숯불을 그 머리에 쌓아 놓으리라 악에게 지지 말고 선으로 악을 이기라
> _롬 12:17-21

오직 하나님만 하실 일을 하고 싶은 유혹을 받을 때가 있다는 사실을 인정할 때 참으로 마음이 겸허해진다. 다시 말해서 다른 사람에게 꼭 있어야 한다고 믿는 심판을 직접 시행하고 싶은 유혹을 인정하는 것이다. 그러므로 이 권면은 항상 필요하며 항상 시의적절하다. 바울의 명령은 명확하며 이런 권면을 주의 깊게 받아들인다면 우리의 반응성 문화는

분명 달라질 것이다. 절대, 결단코 악을 악으로 갚지 말라. 항상 선으로 악을 이기라. 원수 갚는 일은 주께 맡기라. "하나님의 진노하심에 맡기라"는 바울의 말은 "하나님만이 하실 수 있는 일을 방해하지 말라"는 뜻이다. 보복의 무기로 쓰이며 자기 의에서 생기는 인간의 분노로는 절대 어떤 선한 것도 이룰 수 없다. 악에 악으로 맞서는 것은 악을 더 양산할 뿐이다. 오직 악에 선으로 대응해야만 선한 것들을 추수할 수 있다.

6. 개인주의의 일상화. 무례하고 이죽거리며 조롱하고 상대방의 동기를 비난하고 앙갚음하며 비난하는 식의 반응으로는 절대 건강하고 수용적이며 정직하고 사랑으로 하나 되며 화해하는 공동체를 이룰 수 없다. 죄를 고백하고 회개하며 용서하는 태도를 서로 권하는 공동체는 요원한 일이다. 하나님은 이렇게 하나 되는 공동체 안에서 우리가 살도록 꼼꼼하게 계획해 두셨다. 하나님의 지혜로운 계획에 의하면 우리가 홀로 사는 것은 좋지 않다. 우리는 관계의 필요를 선천적으로 갖고 태어난다. 우리 개개인의 인생은 모두 공동체적 사건이다. 그러므로 항상 서로가 필요하다는 사실을 겸허하게 인정하며 서로에게 반응해야 한다. 이 말은 우리 공동체를 건강하게 하고, 결속을 더 강화시키며, 허심탄회한 사랑의 소통이 이루어지는 방향으로 서로에게 반응해야 한다는 뜻이다.

누군가가 내 생각에 반대하거나 나를 괴롭힐 때 "차량을 탄 채 총을 난사하는 식의 반응"drive-by-shooting reactions을 보이는 개인주의가 기승을 부리고 있다. "난 네가 필요하지 않아. 너에 대한 내 생각은 이래. 이 일로 우리 관계가 어떻게 되더라도 나는 상관없어"라는 식의 반응이다. 내가 말을 하고 있을 때 상대방이 계속 엉뚱한 짓을 하고 있으면 나는 더 이상 말을 하지 않을 것이다. 그리스도인으로서 하나님이 우리를 위해 계획하신 삶은 전적으로 관계적 특성을 지닌다. 그래서 예수님은 삼위 하나님처럼 우리도 하나가 되게 해달라고 기도하셨다. 바울 역시 동일한 이유로 그리스도의 몸의 하나 됨을 지키기 위해 최선을 다해야 한다고 말했다. 하나님이 우리를 용서하신 것같이 서로 용서하라고 명하신 이유도 이 때문이다. 진리를 말하되 사랑으로 말하라고 요청하는 이유 역시 여기에 있다. 우리는 작은 섬들과 같은 존재가 아니다. 하나님의 설계로 우리는 의존적인 공동체로서 서로 연결되어 있다. 우리의 본질인 관계적 특성을 부인하면 반응성의 문화가 서로에 대한 우리의 신뢰를 갉아먹고 모든 인간에게 꼭 필요한 상호 의존성 공동체를 파괴하게 된다.

7. 언쟁의 일상화. 신학적 순수성, 지적 성실성에 대한 애정과 논쟁에 대한 욕구 사이에는 중요한 차이가 있다는 사실을 유념해야 한다. 우리의 반응성 문화는 언쟁의 갈망에 기초한 문화이다. 언쟁을 갈망함에서 얻는 흥분과 말이라는 무

기를 꺼내어 목표물을 조준하고 방아쇠를 당길 때 느끼는 찰나적 쾌감이 이런 문화를 지탱하는 힘이다. 상대방이 항복하기까지 얼마나 많은 총알이 필요한지 지켜보며 즐기는 것이다. 언쟁을 좋아하면 슬프게도 다른 사람들을 함께할 공동체의 일원이 아니라 사냥감으로 바라보게 된다. 성가신 사랑의 수고를 감당함으로 기쁨을 누리지 않고 또다시 사냥감을 포획했다는 흥분을 즐긴다.

사랑의 삶으로 이어지지 않는 진리에 대한 사랑은 진리에 대한 사랑으로 위장한 무엇인가에 대한 사랑이다. 사랑의 삶으로 구현되지 않는 신학은 잘못된 신학이다. 싸워서 고수해야 할 가치가 있어서가 아니라 언쟁 자체를 즐기기 때문에 자기 입장에 집착한다면 본래적인 용도로 우리 지식을 활용하기가 어렵다. 모두가 언쟁에 뛰어들게 될 것이다. 하지만 그것은 아무 짝에도 도움이 되지 않는 것을 사랑하고 집착하는 것이다.

8. 집단주의tribalism**의 일상화.** 자신이 속하지 않은 집단에 반응하기가 언제나 더 쉽다. 시위할 때 누구도 "우리 집단이 문제다"라고 적은 푯말을 들지 않는다. 소통의 목표는 우리 집단의 권력을 지키는 것이 아니라, 상호 존중하고 관계를 누리며 상호 의지하고 배우는 집단 통합적 문화를 창출하는 것이어야 한다. 하나님은 우리 안에서 우리를 통해 우리에게 자연스럽지 않은 일을 이루고자 일하고 계신다. 서로를

분리시키는 장벽을 무너뜨리고자 일하고 계신다. "너희는 유대인이나 헬라인이나 종이나 자유인이나 남자나 여자나 다 그리스도 예수 안에서 하나이니라"(갈 3:28). 하나님은 자신이 창조한 민족성과 성별의 고유한 특성을 파괴하는 식으로 영광을 받으며 우리 안에서 하고자 하는 일을 추진하시는 것이 아니라, 오히려 은혜로 우리의 사고방식과 그러한 차이에 반응하는 태도를 변화시키고자 일하고 계신다. 창조주의 계획상 우리는 우리와 비슷한 사람들만 필요하지 않다. 우리와 다른 사람들이 절실히 필요하다. 하나님이 만들고자 하시는 공동체는 집단 공동체가 아니다. 모든 집단이 하나가 되는 보편적인 공동체이다.

우리의 반응성 문화는 집단주의 문화이다. 우리는 "나는 너희 집단을 존중하지 않으니 너를 존중하지 않는다. 따라서 내 집단에 있는 사람에게는 절대 보이지 않을 반응을 네게 할 것이다"라는 메시지를 전달한다. 이 말은 내가 집단주의적 사고와 행동을 하는 집단주의 문화에서 살고 있다는 뜻이며 다른 집단 출신의 도전적인 통찰과 변화시키는 잠재력에 절대 기대지 않겠다고 결연히 선언하는 것과 같다. 우리는 너무나 분열되어 있고 집단별, 정치적, 신학적, 민족적, 경제적, 성별, 연령별, 계층별 집단으로 나뉘어 대립하고 있다. 서로를 향해 담장 너머로 소리만 질러댈 뿐 듣고 생각하고 배우려고 하지 않는다. 스스로가 가장 잘 안다고 생각하면서 잠재적 우군을 적으로 돌리는 무지한 주장을 계속 하고 있다. 우리 힘으로 얼마든지 할 수 있으므로 '그들' 따위는 필요하지 않다. 심지어 이런 반응이 벽을 쌓는 것이 아니라 다리를 놓고 있다고 생각함으로 우리 스스로에게 반하는 반응을 하게 된다. 집단주의는 끝없는 전쟁을 낳고 많은 사상자를 남기지만, 하나님이 작정하신 대로 성장하고 창조하신 본연의 모습으로 함께 살아가기 위해 꼭 필요한 공동체를 결코 만들어내지는 못한다.

<

이제 1장을 마무리하는 이 시점에 이르니 확실한 깨달음이 생긴다. 깨달음은 좋은 것이므로 절대 거부해서는 안 된다. 그것은 하나님이 볼 수 있는 눈을 주시고 받아들일 수 있는 마음을 열어 주시는 것이다. 우리의 하늘 아버지께서 우리를 하나로 모으시고 더 가까이 있게 해주시는 것이다. 절대 일상적이 되도록 허용해서는 안 된다고 말한 일들이 여전히 나를 유혹하며, 슬프게도 때로 내게 너무나 자연스럽게 여겨진다는 사실을 개인적으로 고백하지 않을 수 없다. 여러분도 나와 동일한 심정이리라 확신한다. 다른 이들에 대한 나의 반응이 글로든 말로든 모두 오래 참음과 사랑과 사려 깊은 생각과 존중하는 마음에서 비롯된 것이라고 자신 있게 말할 수 있었으면 좋겠다. 항상 사랑으로 진리를 말한다고 말

할 수 있었으면 좋겠다. 유해한 분노로 반응하는 일이 절대 없다고 말할 수 있었으면 좋겠다. 사랑보다 정의를 앞세우는 때가 한순간도 없었다고 말할 수 있으면 좋겠다. 이 장에서 쓴 모든 내용은 나와 무관하다고 말할 수 있었으면 좋겠다. 하지만 그럴 수가 없다.

　이 글을 쓰는 나 역시 은혜가 필요하다. 또한 하나님이 은혜로 우리를 용서하실 뿐 아니라, 용서할 힘을 공급해 주신다는 사실에 감사를 드린다. 그리고 하나님은 용서할 힘을 공급해 주실 뿐 아니라 변화시켜 주신다. 이 책의 희망이자 토대는 이런 은혜의 존재와 능력이다. 우리는 은혜로 우리의 반사회적 본능이나 집단주의적 자존심 혹은 용서보다 보복에 더 끌리는 마음에 휘둘리지 않을 수 있다. 우리는 우리 자신에게 휘둘리지 않을 수 있다. 하나님이 우리에게 주시는 은혜는 일회성 선물이 아니다. 그분은 은혜 위에 은혜를 아낌없이 부어주신다. 모두 함께 우리도 이런 반응성의 문화에 참여하고 싶은 유혹을 받음을 인정할 수 있기를 바란다. 또한 그 사실을 인정함으로 우리를 도우실 유일한 분에게 달려가도록 하자. 오직 그분만이 우리 마음의 생각과 욕망과 동기와 선택을 바꾸어 주실 힘이 있다.

2

건강한 대화

제목이 다 말하고 있었다. 「문 앞의 속물들」*Vulgarians at the Gate*이라니. 스티브 알렌^{Steve Allen}은 수십 년 동안 텔레비전에서 미국인들을 울리고 웃겼지만 노인이 되어 자신이 평생 시간과 재능을 바친 미디어의 거친 혹평에 크게 상심했다. 그의 책은 누구나 예상하듯이 코믹스러운 내용 위주가 아니라 저속하게 변한 미디어에 대한 신랄한 비판을 담고 있었다. 이 책은 출판된 지 20년이 넘는다. 알렌이 오늘날의 트위터, 페이스북, 인스타그램, 틱톡을 보면 무엇을 지적할지 눈에 선하다.

이렇게 놀라운 의사소통의 도구들이 왜 거의 모든 면에서 상스럽고 저속하며 잔인하고 분노와 보복이 넘쳐나는 게시물들로 판을 치게 되었는가? 조롱조의 반응이 기꺼이 참전할 태세를 갖춘 군중들의 폭발적인 관심을 이끌어내는 이유는 무엇인가? 차분하게 대화에 참여하기보다 이런 사냥에 공격적으로 참여하는 이유는 무엇인가? 언쟁에 마음이 이끌리는 이유는 무엇인가? 건강한 대화는 대체 어디로 사라져 버렸는가?

미국의 거리의 철학자로 매우 유명한 에릭 호퍼Eric Hoffer는 악의의 힘에 대해 이렇게 말했다. "조금만 악의적이어도 어떤 생각이나 의견이 얼마나 사람들에게 폭발적인 반응을 이끌어내는지 보고 있으면 놀라울 따름이다. 우리의 귀는 동료를 조롱하고 악의적으로 비난하는 말을 무서울 정도로 잘 알아듣는다."[1] 이런 말로 호퍼는 스스로 생각하는 것보다 더 훌륭한 신학자임을 보여 주었다.

예수님은 우리가 죄인이기 때문에 빛보다 어둠을 더 사랑한다고 말씀하셨다. 죄가 우리 안에서 왕 노릇 하는 한 우리 내면은 자연스럽게 악에 더 이끌린다. 치욕스럽지만 인정하지 않을 수 없다. 죄의 유혹이 강력한 위력을 발휘하는 이유는 그것이 우리 내면의 무엇인가에 호소하기 때문이다. 이것은 호퍼의 말을 성경적으로 이해할 수 있는 가장 확실한 지적이라 할 수 있다. 우리 외부의 악에 끌리는 것은 언제나 우리 내면에 여전히 존재하는 악 때문이다. 우리가 어둠에 끌리고 남을 험담하고 해치는 말에 끌리는 이유가 이 때문이다. 혐오스러워해야 할 조롱이나 험담에 재미있다고 웃는 이유가 여기에 있다. 우리가 악의에 마음이 혹할 뿐 아니라 곧 그 악의에 가담하거나 최근에 이슈가 되고 있는 언쟁거리를 뒤지고 다니며 인터넷 검색에 지나치게 시간을 허비하는 이유도 여기에 있다. 우리 마음이 갈망하는 것에 먹이를 주지 않으면 이런 일은 절대 일어나지 않을 것이다.

이것이 건강한 대화와 무슨 상관인가? 스티브 알렌의 「문 앞의 속물들」을 다시 살펴보자. 알렌이 자신의 책에서 한 지적은 옳았다. 하지만 더 깊이 있게 들여다보면 마냥 옳다고 보기가 어렵다. 몇 년 전만 해도 충격적으로 받아들여졌을 말과 표현들을 대중매체와 소셜 미디어에서 듣고 읽기 때문만은 아니다. 저속한 성적 농담을 하고 주님의 이름을 모욕적으로 사용하는 것이 흔한 일처럼 되었기 때문만도 아니다. 이러한 말들은 오직 은혜로만 가능한 변화와 점검이 모두 필요하지만 그 이면에는 그 이상의 문제가 있다. 왜 우리는 남을 깔아뭉개고 조롱하는 말이나 잔인한 말에 희열을 느끼는 것일까? 우리에게는 분명히 심각한 문제가 있다. 하지만 그것은 단순히 언어적인 문제가 아닌 더 근원적인 문제이다.

이제부터는 에베소서의 한 구절을 살펴보는 데 남은 장을 할애하고자 한다. 우리가 서로에게 지금처럼 반응하는 이유가 무엇인지, 개선 방법은 무엇이며 그것을 가능하게 할 길은 무엇인지 보여 주는 구절이다. 이 구절은 바울이 예수 그리스도의 은혜의 복음이라는 빛 가운데 사는 것이 일상생활과 관계 속에서 어떤 모습으로 나타나야 하는지 길게 설명한 내용 중간에 위치하고 있다. "무릇 더러운 말은 너희 입 밖에도 내지 말고 오직 덕을 세우는 데 소용되는 대로 선한 말을 하여 듣는 자들에게 은혜를 끼치게 하라 하나님의 성령을 근심하게 하지 말라 그 안에서 너희가 구원의 날까지 인치심을 받았느니라"(엡 4:29-30).

이 구절에서 무엇보다 주의 깊게 살펴볼 것은 바울이 건전한 소통(해로운 소통이 아닌)에 대해 이야기할 때 단순히 언어 사용에 관해서만 이야기하지 않는다는 점이다. 그는 입에 담지 말아야 할 표현들을 알려 주는 식으로 "더러운 말"을 규정하지 않는다. 그렇다고 우리가 원할 때마다 노골적으로 음란한 말이나 누군가를 욕하는 표현이나 문화적으로 무례한 말을 사용해도 된다는 뜻은 아니다. 이 구절은 금해야 할 표현의 목록으로 불건전한 대화를 규정하는 것은 너무 저차원적 기준이라고 경고한다. 바울에게 "더러운 말"은 무엇보다 마음의 의도와 관련된 문제였다. 누군가를 잔인하게 조롱하지만 욕설은 단 한마디도 사용하지 않을 수 있다. 모욕적인 표현을 전혀 사용하지 않아도 누군가를 해치는 글을 올릴 수 있다. 상대방을 욕하지 않았다고 스스로 자부하면서 상대방에게 보복성 반응을 할 수 있다. 하나님의 가족으로서 우리가 주변 문화뿐 아니라 우리 가족 안에서도 횡행하는 유해한 반응성의 문화를 다룰 마음이 있다면, 단순히 표현의 수

위 문제가 아닌 그 이면을 겨냥하며 우리 마음의 생각과 욕망과 의도에 대해 성경적인 지혜의 빛을 비추는 작업을 해야 한다.

이 구절을 보고 내가 즉각 반응을 보이는 이유가 있다. 이 구절은 날마다 아무리 애를 써도 미치지 못하며 우리가 도달하기에 불가능해 보이는 고차원적 수준을 요구한다. 내가 말이나 글로 표현하는 모든 것이 이 구절이 요구하는 수준의 의도에서 비롯되었다고 자신 있게 말할 수 있었으면 좋겠다. 이 구절의 아름다운 요구와 절대 상충하지 않게 반응하는 수준까지 성숙했다고 말할 수 있었으면 좋겠다. 하지만 그렇게 자신할 수가 없다. 에베소서 4:29에 나오는 건전한 대화의 불가능에 가까운 기준을 보면 나는 항상 야고보서 3장이 생각난다.

> 내 형제들아 너희는 선생된 우리가 더 큰 심판을 받을 줄 알고 선생이 많이 되지 말라 우리가 다 실수가 많으니 만일 말에 실수가 없는 자라면 곧 온전한 사람이라 능히 온 몸도 굴레 씌우리라 우리가 말들의 입에 재갈 물리는 것은 우리에게 순종하게 하려고 그 온 몸을 제어하는 것이라 또 배를 보라 그렇게 크고 광풍에 밀려가는 것들을 지극히 작은 키로써 사공의 뜻대로 운행하나니 이와 같이 혀도 작은 지체로되 큰 것을 자랑하도다 보라 얼마나 작은 불이 얼마나 많은 나무를 태우는가 혀는 곧

불이요 불의의 세계라 혀는 우리 지체 중에서 온 몸을 더럽히고 삶의 수레바퀴를 불사르나니 그 사르는 것이 지옥 불에서 나느니라 여러 종류의 짐승과 새와 벌레와 바다의 생물은 다 사람이 길들일 수 있고 길들여 왔거니와 혀는 능히 길들일 사람이 없나니 쉬지 아니하는 악이요 죽이는 독이 가득한 것이라 이것으로 우리가 주 아버지를 찬송하고 또 이것으로 하나님의 형상대로 지음을 받은 사람을 저주하나니 한 입에서 찬송과 저주가 나오는도다 내 형제들아 이것이 마땅하지 아니하니라 샘이 한 구멍으로 어찌 단 물과 쓴 물을 내겠느냐 내 형제들아 어찌 무화과나무가 감람 열매를, 포도나무가 무화과를 맺겠느냐 이와 같이 짠 물이 단 물을 내지 못하느니라_약 3:1-12

마음을 열고 이 강력한 경고의 말씀을 받아들이라. 야고보는 우리 대화(혀)의 문제를 어떻게 규정하고 있는가?

"말에 실수가 없는 자라면 곧 온전한 사람이라"
"혀는 곧 불이요 불의의 세계라"
"혀는 능히 길들일 사람이 없나니"
"쉬지 아니하는 악이요 죽이는 독이 가득한 것이라"
"이것으로 우리가 주 아버지를 찬송하고 또 이것으로 하나님의 형상대로 지음을 받은 사람을 저주하나니"

어떻게든 함께 살아가는 방법을 찾으려는 이 책의 고민이 결코 사소한 것이 아니라는 사실을 일깨워 주는 강력하고도 확신에 찬 정곡을 찌르는 말씀이다. 그렇다. 우리가 다루는 내용은 사람들, 관계, 가족, 정부, 공동체, 학교, 교회를 불사를 수 있는 심각한 내용이다. 그러므로 우리는 "길들일 수 없는 것을 어떻게 길들일 수 있는가?"라고 질문해야 한다. 야고보가 말한 "쉬지 아니하는 악"을 어떻게 제어할 수 있는가? 우리의 반응성 문화에 어떤 변화의 희망이 있는가? 야고보서 3장에 나오는 말의 위력에 경각심을 가지는 것은 당연하다. 하지만 그렇다고 낙심해서는 안 된다. 에베소서 4:29-30은 우리에게 확실한 해답을 제공한다. "무릇 더러운 말은 너희 입 밖에도 내지 말고 오직 덕을 세우는 데 소용되는 대로 선한 말을 하여 듣는 자들에게 은혜를 끼치게 하라 하나님의 성령을 근심하게 하지 말라 그 안에서 너희가 구원의 날까지 인치심을 받았느니라"(엡 4:29-30).

앞에서 바울이 우리의 말에 복음을 적용한 내용을 다시 복기해 보도록 하자. 그는 단순히 우리의 말에만 초점을 맞춘 것이 아니라 우리의 마음, 우리의 반응 이면에 있는 의도에 초점을 맞추었다. 정확히 우리가 주의 깊게 살펴보아야 할 것이 바로 이런 의도이다. 예수님은 우리 입에서 나오는 모든 말이 우리 마음에서 나오는 것이라고 말씀하셨다(눅 6:43-45 참고). 우리 반응은 우리 마음에서 일어난 일이 입으로 표출된 것뿐이다. 그러므로 건강한 대화를 하기 위해서는 먼저 언어 사용에 엄격하겠다고 결심하는 것이 아니라, 마음의 생각과 욕망과 의도와 선택에서 변화되기로 결심해야 한다. 바울은 서로에 대한 건강한 반응의 문화를 떠받치는 세 가지 마음의 결단을 서술한다.

모든 반응은 상대방이라는 인격체에 대한 배려가 기준이어야 한다

"오직 덕을 세우는데 소용되는 대로 선한 말을 하여." "네 이웃을 네 몸과 같이 사랑하라"는 명령을 우리의 의사소통 세계에 적용하면 이렇게 말할 수 있다. 이것은 깊은 사랑으로 반응하라는 부르심이다. 내가 어떤 내용을 게시하는 이유는 그것이 나를 행복하게 하거나 내 안에 있는 철학적, 신학적, 문화적, 집단적 야심을 만족시키기 때문이 아니다. 이것은 타인 중심적 소통을 하라는 부르심이다. **나**의 반응은 나를 위한 것이 아니라 **상대방**을 사랑으로 배려하기 위한 것이다. 내가 상대방에게 원하는 바가 있지만 오직 그 사람이 틀렸음을 증명하고 제 처지를 깨닫게 하거나 있는 그대로의 실체를 드러내거나 바보는 바로 그 사람임을 증명하기 위해서가 아니다. 자기 신분이 무엇인지 정확히 깨닫게 해주거나 어떤 식으로든 콧대를 납작하게 해주거나 되갚아 주기 위해서도 아니다. 그렇다. 이 말씀은 반응성의 문화가 자행하고 궁극적으로 생산하는 것과 정반대의 일을 하라고 내게 요구하고 있다.

당신이 반응하는 사람을 **한 인격체**로, 다시 말해서 하나님의 형상으로 만들어진 존재라고 생각해 보라. 그 사람의 입장에서 생각해 보고, 그들이 일상적인 책임을 감당하며 누군가의 사랑을 받거나 누군가를 사랑하는 이들이라고 생각해 보라. 그들이 이 타락한 세상에서 인생의 수많은 부담과 유혹과 고통스러운 일들로 얼마나 시달렸을지 생각해 보라. 그들이 우리의 말에 어떤 영향을 받을지 생각해 보라.

말싸움을 하고 싶어서가 아니라, 당신이 지금 게시하거나 말하려고 하는 내용으로 상대방이 도움을 입고 세워지기를 진심으로 바라는 사랑의 마음에서 반응한다고 생각해 보라. 상대방이 무엇인가 새로운 것을 배우며 자기 성찰에 더 정진하고 하나님을 더 깊이 신뢰하며 용기를 새롭게 다지며 의욕이 더 넘쳐나기를 바라는 마음으로 배려한다고 생각해 보라. 어떤 반응을 하더라도 항상 이렇게 타인 중심적인 배려가 앞선다면 어떻게 되겠는가? 오직 상대방을 세우기 위한 말만 한다면 어떻게 되겠는가? 우리 반응이 얼마나 달라지겠는가? 얼마나 많은 이전의 반응들을 지우고 싶겠는가?

"오직 덕을 세우는데 소용되는 대로 선한 말을 하여"라는 말씀은 건강한 소통의 핵심적 특징이 사랑임을 의미하고 있다. 이런 권면은 사람들이 아무리 잘못했다고 생각하더라도 사랑으로 대화하고 소통하겠다는 의도적인 결단을 하라는 요청을 포함하고 있다. 그들을 어떤 부류라고 생각하든지, 그들에게 아무리 많은 상처를 입었거나 화가 나 있든지, 어떤 위험을 무릅써야 하든지 이렇게 대화하겠다고 결단하라는 것이다. 서로의 대화 속에서 사랑이 소모품처럼 취급될 때 우리의 반응이 초래할 상처, 혼란, 반목, 고통은 끝이 없을 것이다. 이 사랑의 요청을 절대 포기하지 않고 사랑으로 진리만을 말하기로 결단한다면 완전히 다른 태도와 어조로 꼭 해야 할 말을 하게 될 것이다. 소셜 미디어의 어둠은 쉽게 이해할 수 있다. 사랑하지 못해서 생기는 어둠이다. 인간 공동체는 하나님이 원래 그렇게 설계하셨기에 사랑이 없이는 제대로 기능할 수 없다. 인간의 소통은 사랑이 없이는 이루어지지 않는다. 사랑이 없는 인간의 상호 교류는 헤아릴 수 없는 수많은 사상자들이 속출하는 전쟁터가 되고 만다.

우리는 고립된 섬이 아니다. 우리는 모두 서로를 세워 주는 사람들이 주위에 있어야 한다. 모두 격려가 필요하다. 사랑의 책망이 필요하며 통찰이 필요하다. 우리는 모두 새로운 출발과 시작이 필요하다. 우리가 혼자가 아니라는 사실을 알아야 한다. 인생길을 걸어갈 때 오래 참음과 은총의 선물이 필요하다. 모두 사랑이 필요하며, 사랑에 가진 자와 갖지 못한 자의 구분은 존재하지 않는다. 우리는 모두 세워져야 하며 또한 모두 세우는 자로 부름받고 있다. 이런 소통의 상호

성은 지혜롭고 사랑이 풍성하신 하나님이 주신 아름다운 선물이다. 하지만 우리는 이 선물을 하찮게 취급하며 자신의 옳음을 입증하고 싸움에서 이겨 상대방이 자신의 처지를 깨닫도록 하는 것이 더 중요한 것처럼 행동한다. 세우는 것보다 허무는 것에 더 흥미를 느끼는 한, 인간의 공동체는 계속 파괴되고 우리의 디지털 만남의 공간은 계속 암울해지고 위험해질 것이다.

모든 반응은 상황에 대한 이해가 수반되어야 한다

"소용되는 대로"(경우에 맞게). 반응을 하기 전에 우선 어떤 상황에서 이야기하고 있는지 생각해야 한다. 첫째, 전체 게시물을 꼼꼼하게 읽고 이어지는 글들을 살펴보라. 얼굴을 맞대고 대화하고 있다면 그 대화를 하는 상황과 장소를 생각하라. 나는 트위터에서 전체 게시 내용을 읽지 않았음이 분명한 사람들의 분노에 찬 비난성 언급들을 수없이 받았다. 게시물을 제대로 다 읽었더라면 그렇게 반응했을 리가 만무하기 때문이다. 기사의 내용을 꼼꼼하게 읽지 않고 제목만 보고 성급하게 판단하지 않아야 한다.

둘째, 반응하기 전에 게시글의 문화적 상황에 대해 생각하라. 문화적 혼란의 순간인가? 문화적 슬픔의 시기인가? 문화적으로 다양한 집단들이 화를 내고 싸우고 있는 것은 아닌가? 문화적으로 정체성을 상실한 것은 아닌가? 모두가 뒤질

세라 편승하는 문화적 쏠림의 순간은 아닌가? 그렇다면 스스로에게 물어보라. "나는 왜 반응할 필요를 느끼는가? 이런 내 반응으로 무엇을 이루고 싶은가? 대화를 명료하게 하거나 진척시키거나 진정시키기 위해 내가 더 할 수 있는 것이 있는가? 반응하고자 하는 충동이 상처와 분노에서 비롯된 것인가? 아니면 사랑하는 마음과 애정으로 인한 것인가?"

신자로서 나는 이것이 교회에 어떤 의미가 있는 순간인지 생각해 보아야 한다. 그리스도의 몸인 교회를 분열시키는 휘발성이 강한 문제는 아닌가? 이것은 내가 일상을 나누는 신앙 공동체에 어떤 영향을 미치는가? 복음에 위협이 되지는 않는가? 이 문제를 바라보고 처리하는 부분에서 예수 그리스도의 교회는 어떤 존재로 인식되고 하는가? 현재의 논의와 그 논의를 행하는 방식은 교회의 명성과 사역에 어떤 영향을 미치는가? 그리스도의 몸의 지체로서 나는 당면한 문제를 어떻게 처리해야 하는가? 신자로서 나는 왜 이 문제에 개입해야 한다고 생각하는가? 내가 꼭 반응해야 하는가? 이런 반응이 결과가 좋을 것인가? 에베소서 4장은 당면한 순간과 상황과 배경을 꼼꼼하게 살펴보아야 건강하게 소통할 수 있다고 말한다.

모든 반응은 은혜를 끼친다는 목표를 염두에 두어야 한다
"듣는 자들에게 은혜를 끼치게 하라." 은혜를 끼치는 말을 한다는 것이 무슨 의미인지는 이 책의 4장에서 자세히 살펴볼 것이므로 여기서는 짧게 언급하고 지나가고자 한다. 모든 반응은 합당한 의사소통 과정을 거쳐 형성되어야 하며, 합당한 과정은 우리가 말로 이루고자 하는 목표를 기준으로 해야 한다. 바울은 우리가 무슨 말을 하든지 은혜를 끼치겠다는 목표를 잊지 말아야 한다고 말한다. 언제 무슨 말을 하든지, 누구에게 그 말을 하든지, 주제가 무엇이든지 목표는 동일하다.

은혜를 끼친다는 목표를 염두에 두고 반응해야 한다고 강조할 때마다 부딪히는 오해가 있다. 사람들은 **은혜**라는 말을 들을 때 따뜻하고 허용적이며 수동적이고 까다로운 문제는 건드리지 않는다는 의미로 생각한다. 하지만 하나님의 은혜는 결코 수동적이지 않다는 사실을 깨달아야 한다. 은혜는 결코 틀린 것을 옳다고 하지 않는다. 틀린 것을 옳다고 한다면 구속하고 개입하며 변화시키는 은혜의 사역이 전혀 필요하지 않을 것이다. 은혜는 잘못을 묵인하지 않는다. 잘못을 다루는 방식이 근본적으로 다를 뿐이다. 은혜로 반응하기 위해서는 하나님의 능력을 절대적으로 신뢰하는 동시에 자신의 무능함을 겸손히 인정해야 한다.

그렇다면 에베소서 4:29 말씀은 개인적이든 디지털적이든 소통의 세계에서 정확히 무엇을 의미하는가? 이 질문의 답

은 야고보서 1:19-20에서 찾을 수 있다. "내 사랑하는 형제들아 너희가 알지니 사람마다 듣기는 속히 하고 말하기는 더디 하며 성내기도 더디 하라 사람이 성내는 것이 하나님의 의를 이루지 못함이라." 복음적인 삶과 소통에 대한 수많은 교훈이 이 구절에 함축되어 있지만 이에 대해서는 뒤에서 다룰 예정이고, 여기서는 "듣기는 속히 하고 말하기는 더디 하며 성내기도 더디 하라"라는 세 구절을 집중적으로 살펴보고자 한다. 에베소서 4:29은 듣기를 먼저 하고, 말하기 전에 생각하는 시간을 갖고, 결코 화가 난 상태에서 말하지 않겠다고 결심하는 것이 무엇인지 설명하고자 쓴 구절처럼 보인다. 우리가 서로에 대해 반응할 때 이 세 가지 지침을 기준으로 삼고 지킨다면 트위터, 페이스북, 인스타그램이나 다른 많은 대인 관계에 즉각적인 변화가 일어날 것이다. 쉬지 않고 쏟아지는 상대방을 조롱하고 폄하하며 무시하는 잔인한 보복성 대화의 유해한 표현들이 사라지면, 집단주의의 위력이 약화되고 오직 공동체적으로 얻을 수 있는 지혜가 자리 잡을 여지가 생길 것이다.

그러나 문제가 있다. 이런 일이 이루어지기 위해서는 우리 모두 하나님의 구원하시는 능력의 은혜를 입어야 한다. 부정적이고 더러운 말은 오직 구속하시는 은혜로만 해결되는 마음의 문제이다. 나 역시 듣기보다는 말하는 것을 더 좋아한다. 화가 나서 말을 하는 순간이 적지 않다. 우리 모두 겸허하게 고백할 수밖에 없는 사실이 있다. 듣기 해로운 말은 결코 대화를 하는 상대방 때문이 아니라는 것이다. 그런 말은 항상 바로 나 자신이 원인이다. 마찬가지로, 건강한 대화 역시 대화하는 상대방에게 책임이 있지 않다. 항상 나 자신이 먼저 시작해야 한다. 모든 다른 영적인 필요들처럼 하나님은 우리의 반응성 문제를 용서하시고 구원하시며 변화시키는 은혜로 해결해 주신다.

우리에게는 문제가 있다. 이 문제는 우리를 해치고 우리의 하나 됨, 함께 성장하는 능력, 우리의 증언에 부정적인 영향을 미친다. 그러나 우리에게는 예수님의 강력한 은혜를 받을 수 있는 도움의 손길이 함께한다.

3

죄

젊은 친구가 저녁 식사를 하러 자리에 앉았다. 뭔가 기분이 울적하다는 것을 한눈에 알 수 있었다. 나는 어떻게 지내느냐고 물어보았다. 그는 대답 대신 자신의 핸드폰을 내게 건네주었다. 그날 아침 받은 이메일이 화면에 보였다. 그는 내가 지금도 교류하고 있는 젊은 목회자 중 한 사람이다. 나는 이들과 만나는 시간을 너무나 좋아하고 이 청년들을 아낀다. 그들이 목회 중에 겪는 끔찍한 사연들을 듣고 복음으로 그들을 위로하며, 목회자라면 누구나 겪는 일들에 어떻게 대처해야 하는지 조언해 주려고 노력한다. 그러나 지난 2년 동안 무엇인가 매우 다른 일이 일어나고 있다는 것을 알아차리기 시작했다. 목회자들은 지금 이전에는 경험해 보지 못한 공격을 받고 있다. 하나님을 모르는 문화에서 예상되는 공격을 말하는 것이 아니다. 그들이 사랑하고 섬기려고 하는 사람들에게서 받는 공격을 말한다. 물론 때로 목회자들이 문제의 장본인일 때가 있고, 절대 사역자가 되어서는 안 되는 사람이 사역의 길로 들어서서 불미스러운 일을 한 경우를 밝혀내는 유저들도 있다. 나는 교회에서 상처를 받고 힘겹게 감내하는 사람들을 알고 있다. 그러나 내가 교류하는 이들은 불완전하고 여전히 미숙하지만 하나님과 섬기는 교인들을 사랑하며 복음 중심의 목회 사역인 영혼을 돌보는 일에 헌신한 선량하고 경건한 사역자들이다.

나는 그의 핸드폰을 들고 읽기 시작했다. 공적 사역과 개인적 사역을 감당하며 길고 벅찬 주일을 보낸 다음 날인 월요일 아침에 받은 충격적인 메시지였다. 교인 수가 많지도 적지도 않은 그의 중서부 교회는 한때 사역자로서 목회하기에 즐겁고 유쾌한 곳이었다. 불완전하고 미숙하기는 했지만 사랑이 넘쳐흐르는 공동체였다. 그와 그의 아내는 동부에서 이사를 왔고 교회에 안정적으로 뿌리를 내리고 생산적인 사역 생활을 하며 벌써 10년을 보냈다. 이 교회를 떠나고 싶다거나 목회 사역을 완전히 그만두고 싶다고 생각하리라고는 꿈에도 상상하지 못했다. 그 핸드폰에서 읽은 메시지는 사랑과 감사가 담겨 있기는커녕 심지어 존중하는 투도 아니었다. 분노에 가득 차서 상대방의 인격과 동기를 비난하는 내용 일색이었다. 함께 그 이메일을 쓴 부부는 내 친구를 더 이상 그들의 목회자로 여기지 않겠다고 말했고 곧 교회를 떠나겠다고 통보했다. 마음의 고민을 터놓고 대화하고 싶다는 요청도 없었다. 그 이메일은 대화하자는 부탁이 아니라 비난조의 핵폭탄을 투하한 것이었다. 일방적으로 총을 갈기고 사라지는 식의 비난이었지만 그가 삶을 함께 나누고 사랑하며 동역했던 사람들이 보낸 메일이었다. 그가 그런 메일을 처음 받은 것도 아니었고 마지막도 아닐 것이다.

그들이 증오한 것은 그의 신학이나 그의 설교나 그의 목회 사역이나 심지어 그의 성격도 아니었다. 그의 정치적 입장이었다. 그의 설교 중에 정치적인 내용은 전혀 없었다. 정치라는 단어가 가진 실제적인 의미에서 조금도 정치적인 내용이 담기지 않았다. 그는 복음에 충실한 메시지를 전했고 하나님의 말씀을 차근차근 본문을 따라 설교하였다. 그런데 강해하던 성경 본문에 공의에 대한 내용이 있었고 성경이 말하는 공의를 주제로 설교했다는 이유로 그들은 그가 믿음을 저버렸다고 생각했다. 그들이 보기에 그는 참된 그리스도인이라면 응당 취해야 할 보수적인 정치적 입장에 있지 않은 사람이었다. 그래서 그날 아침 그가 설교한 내용 중 그들이 격앙했던 부분을 주일 밤에 메일로 써서 파국을 선언하는 이메일 폭탄을 날린 것이었다. 그는 자신이 사랑했던 사람들이 던진 폭탄에 잠을 깼고, 그 일로 오전을 다 망치지 않으려고 안간힘을 쓰다가 나와 점심 식사를 하러 나온 것이었다. 나는 이런 상황을 처음 목격한 것이 아니었고 당연히 이런 일이 마지막도 아닐 것이다.

우리는 건강한 대화를 나누는 생활방식과는 너무나 멀어져 버렸다. 귀 기울여 들어주고, 고민하는 시간을 가지며, 제대로 이해한 상태에서 정중하고 품위 있게 이야기하는 것이 당연한 생활방식은 먼 옛날의 일처럼 되어 버렸다. 그래서 우리는 앞으로 다섯 장을 할애해 대면이든 비대면이든 건강한 소통을 하라는 요청의 근거가 되는 성경적 세계관을 살펴볼 것이다. 이 다섯 장에서는 사도 바울이 에베소서 4장에서 언급한 소통 방식의 근본적 시각을 이루는 다섯 가지 성경 주제를 살펴볼 것이다. 이런 성경적 주제들을 진지하게 받아들이면 우리의 유해한 반응성 문화는 종말을 맞이할 것이라고 확고히 믿는다. 그 다섯 가지 주제는 죄, 은혜, 정체성, 영광, 영원이다. 각각의 주제는 우리의 실상을 드러내고 죄를 깨닫게 하며 회복시키고 변화시킬 힘이 있다.

<

유해한 반응성의 문화가 죄로 인한 문제라는 것은 말할 필요를 느끼지 못할 정도로 당연한 지적이지만 그럼에도 이것을 분명히 짚고 넘어가는 것은 중요하다. 그러나 또한 이것이 얼마나 우리를 겸손하게 하는 통찰력 있는 시각인지도 알아야 한다. 죄의 문제가 있다고 기꺼이 말할 때 우리는 인간이 갖고 있는 문제에 대해 생각할 수 있는 가장 깊이 있고 실제

적인 이해를 받아들이게 된다. 성경은 첫 장부터 마지막 장까지 죄가 무엇이며 어떤 영향을 미치는지 자세하게 설명한다. 이 설명은 창조 기사 이후 최초의 역사적 이야기와 함께 시작한다. 실제로 죄가 무엇이며 죄의 폐해는 무엇인지 생생하게 알고 싶다면 창세기 3장과 4장의 비극적인 성경 이야기들을 꼼꼼하게 살펴보기만 해도 된다는 말은 과장이 아니다.

죄는 자기중심적이다

하나님은 아담과 하와를 사랑으로 창조하시어 그들에게 서로를 선물로 주시고, 필요한 모든 것을 공급해 주는 아름다운 동산에 그들을 두셨다. 그들을 보호할 경계들을 설정해 주시고, 그들과 동행하며 사랑으로 축복해 주셨다. 그야말로 낙원의 삶이었다. 아담과 하와의 자기중심성이 그토록 충격적이고 명확한 이유는 바로 이런 배경 때문이다. 그들은 왜 하나님이 설정해 주신 경계를 벗어나서 금지된 실과를 먹었는가? 바로 **자기중심성** 때문이다. 그들이 그런 행동을 한 이유는 배고픔 때문이 아니었다. 그들의 동기는 우리를 위해 보존되어온 이야기에 고스란히 드러나 있다. 그들은 하나님과 같아지리라는 생각에, 지혜를 얻게 되리라는 생각에 금지된 실과를 먹었다. 그들에게 지혜가 필요하지 않았다는 사실을 기억하기 바란다. 그들은 모든 지혜의 궁극적 근원이신 분과 관계를 누렸다. 그들이 매료된 것은 독립적 지혜, 다시 말해서 하나님에게 복종하는 것과 아무 상관이 없는 지혜였다. 그들은 오직 하나님만이 누리시는 자율적이고 자기충족적인 실존을 갈망했다. 그들의 세계에서 중심이 되기를 원했고 마음대로 생각하고 살기를 원했다. 그 끔찍한 자기중심적이고 자기 영광적인 순간에 그들은 하나님의 사랑의 경계에서 이탈했고 더 이상 낙원은 없었다.

본질적으로 죄는 자신을 위해 사는 것을 말한다. 우리가 무엇인가를 욕망할 때 죄를 짓게 되고, 무엇을 욕망하든지 그 시기와 방법과 장소가 죄를 부채질한다. 내 욕구와 필요와 감정이 죄를 부채질한다. 죄는 그 속성상 권위에 도전적이며 반사회적이다. 본질적으로 죄는 책임자가 누구인지, 그리고 사람들이 어떤 영향을 받는지 전혀 개의치 않는다. 죄는 나의 관심 분야가 나 자신의 욕망에 한정되게 만든다. 내가 중심이며 내가 지배하고 내가 나의 법을 만든다.

유해한 반응성의 문화는 자기중심성의 문화이다. 사람들에 대한 사랑이 동기로 작용하지 않는다. 진리에 대한 사랑 때문에 행동하지 않는다. 더 높은 권위에 반항한다. 공동체의 존속과 소통을 위해 애쓰지 않는다. 유해한 반응성은 내 의견을 말할 권리가 있으며 원하면 표현할 권리가 있다고 말한다. 당신을 비난하고 모욕할 권리가 있고 어떤 결과를 초래하더라도 당신이 속한 집단을 무시하고 묵살할 권리가 있다. 당신이 어떤 사람인지, 무슨 일을 이루었는지, 현재 어떤 상황에 있는지 내가 알 바 아니다. 내가 원하면 언제라도 익명성 뒤에 숨어 총을 난사할 것이다. 이런 내 권리를 막을 사람은 없다. '반응성'은 말이나 글로 마치 신이라도 된 양 기분 내키는 대로 반응하는 것을 뜻한다. 유일하게 충성하는 대상은 자기 자신이다. 바로 이런 자기중심성의 토양에서 상대방에 대한 무례함, 조롱, 여성 혐오, 잔인함, 복수심, 묵살 등이 자란다.

죄의 자기중심성이 자리를 잡고 세력을 확장하는 곳에서는 진실하고, 생산적이며, 깨닫고 배우며, 관계를 세우며, 하나 됨을 이루고, 변화를 위해 노력하는 의사소통이 고사될 수밖에 없다. 반응하는 데 급급할 때 우리는 서로에게 성장할 수 있는 자양분을 주지 못한다. 서로에게 말의 총알을 난사함으로 부상을 입히며, 사려 깊이 배려하고 고민하는 환경을 조성할 수 있다는 모든 희망을 죽이게 된다.

우리의 반응성 문제의 근본 원인을 찾기란 어렵지 않다. 문제는 우리 창조주가 전혀 의도하지 않은 방향으로 우리 대화를 유도하며 여전히 우리를 유혹하는 죄라는 자기중심성을 겸손하게 인정할 수 있느냐는 것이다.

죄는 권위에 반항한다

금지된 열매를 먹기로 한 아담과 하와의 선택이 단순히 추상적인 법을 어긴 행위가 아니라는 사실을 인식해야 한다. 그들이 한 행위는 하나님의 권위에 대한 직접적인 반역이었다. 그들의 불순종은 수직적이고 개인적이었다. 그들은 하나님의 권위에 복종하는 삶을 거부하고 스스로를 자신의 권위로 삼았다. 제대로 살면 인간의 삶은 항상 하나님의 권위에 자발적으로 복종하고, 그분을 대리하도록 세우신 인간 권위에 기꺼이 복종하게 된다. 건강하고 생산적인 인간의 의사소통은 우리 자신보다 더 높은 권위에 복종한 결과이다. 바람직한 소통은 항상 우리 스스로 만들지 않은 일련의 규칙에 복종한다. 좋은 소통은 절대 해를 끼치지 않으며 언제나 선한 열매를 거두고 무엇보다 하나님을 사랑하고 이웃을 네 몸처럼 사랑하라는 명령에 복종한다.

유해한 반응성의 문화는 자신의 권위 외에 어떤 권위에도 복종하지 않는다. 말을 하든, 글을 쓰든, 스스로 세운 원칙 외에 어떤 소통의 원칙도 인정하지 않는다. 반응성은 소통의 적절성을 고민하는 시간을 갖지 않는다. 반응성의 문화는 더 큰 선에 대해 생각하도록 기다리지 않는다. 어떤 식으로든 해를 입히지 않도록 소통하는 데 필요한 시간을 갖지 않는다. 반응성의 문화는 상대방에 대한 진정한 사랑보다 자극적인 표현에 더 관심이 많다. 참고 용서하며 사랑하는 데서 기쁨을 얻기보다 상대방을 제압하는 데서 희열을 느끼는 문화이다. 반응성은 친절하고 신중하며 사려 깊이 생각하도록 하기보다 자극적이고 공격적인 목소리를 가지고 있다. 어떻게 말해야 최선인지 고민하지 않고 말할 권리만을 앞세운다. 아담과 하와의 예에서 보듯이 유해한 반응성은 하나님의 권위를 거부하고, 건강하게 기능할 수 있도록 하나님이 창조하신 사랑의 공동체가 필수적이라는 사실을 인정하지 않는 것이 핵심이다. 문제는, 스스로 권위자로 자처하며 익명성에 기대어 우리 자신에게만 치중하는 명분을 내세우면서 말을 무기로 계속 사용할 것이냐 하는 것이다.

죄는 독립적이다

지혜로우시고 사랑이 충만하신 창조주는 우리를 홀로 살도록 만들지 않으셨다. 우리는 수직적이고 동시에 수평적인 공동체를 이루며 살도록 만들어졌다. 하나님과 교제하고 사람들과 교제하는 것은 우리의 영적 건강과 올바른 삶에 필수적인 요소이다. 독립성은 우리에게 어떤 유익도 없는 기만적 망상일 뿐이다. 독립성을 추구하다가 아담과 하와가 어떻게 되었는지 살펴보라. 구약과 신약의 종교는 근본적이고 실제적으로 관계적 종교이다. 스스로 공동체를 이루시는 하나님은 그분의 형상으로 만들어진 이들이 그분과, 그리고 서로와 공동체를 이루며 살도록 계획하셨다. 서로 사랑하며 섬기는 건강한 관계는 인간에게 사치품이 아니라 필수품이다. 인간적인 삶은 사회적인 삶이어야 한다. 이는 곧 고립되고, 독자적이며, 자기 충족적인 삶은 나의 영성에 대한 부정일 뿐 아니라 나의 인간성에 대한 부정이라는 의미이다.

소셜 미디어상의 반사회적 행동이 그토록 충격적이고 유해한 이유가 여기에 있다. 강력한 영향력을 발휘하는 온라인상의 문화는 창조주의 설계를 부정하며, 그렇기 때문에 결국 제대로 기능할 수 없다. 그것은 건설적일 수 없다. 파괴적일 수밖에 없다. 그것은 건강한 삶이 자라날 수 있는 토양인 상호 의존과 사랑을 부정한다. 지속적인 관계와 건강한 상호관계의 함양을 위해 노력하는 사람들은 증오에 찬 비난성 글을 절대 게재하지 않는다. 이런 반응성 문화는 상대방이 관심을 받는 것보다 내게 관심이 집중되는 데 더 큰 가치를 둔다. 또다시 폭발적 관심을 받겠다는 노력은 "네 이웃을 네 몸과 같이 사랑하는" 삶으로 절대 이어질 수 없다. 다른 사람을 저격하는 데서 희열을 느끼는 사람은 사랑의 관계마저 오리를 노리는 사냥꾼처럼 대한다. 창조주께서 계획하신 삶을 무너뜨리고 해체하는 비극적 모습이 아닐 수 없다. 나는 너와의 관계 속에서 존재하고 우리는 하나님과의 관계 속에서 존재해야 한다. 공동체를 이루어야 하는 것이다.

죄는 자아의 영광을 위하여 관계들을 폄하한다. 죄는 언제나 어떤 식으로든 결국 우리의 관계를 망치고 만다. 아담과 하와의 관계를 죄가 어떻게 망쳤는지 생각해 보라. 그들의 자식들인 가인과 아벨의 관계에서 드러난 끔찍한 죄의 결과를 생각해 보라. 당신이 한 말 때문에 내가 화가 났는데,

화를 참지 못하고 격한 어조로 당신을 비난하고 마음을 후벼파는 말을 쏟아부으며 거친 숨소리를 느낄 정도로 바짝 다가온다고 생각해 보라. 그 순간 무슨 생각이 들겠는가? 아마 '폴은 나를 너무 사랑하는 것 같아. 폴의 말이 큰 도움이 되는구나. 정말 많이 배우고 있어. 폴이 이런 식으로 더 도와주었으면 좋겠어'라고 생각하지는 않을 것이다. 그럴 리가 없다. 당신은 기분이 완전히 상하고 한시라도 빨리 이런 일방적인 공격에서 벗어나고 싶은 생각밖에 들지 않을 것이다. 내가 당신에게 얼굴을 들이대며 당신을 비난한다면 당신과 관계를 맺고 싶어서 하는 행동은 절대 아닐 것이다. 우리가 어떤 관계를 맺어왔든 그 관계를 망치고 있는 것이다. 당신은 내 말을 경청하고 있지 않으며 내게서 배우고 있는 것도 아니다. 내게 고맙다고 생각하지 않을 것이며 나와 더 교제하고 싶어 하지도 않을 것이다. 건설적인 어떤 결과도 생기지 않을 것이다. 이런 만남으로 좋아질 사람은 누구도 없다. 온라인과 소셜 미디어상의 게시물을 통해 이렇게 상대방의 면전에서 자리를 박차고 일어나는 것처럼 행동할 때 다른 결과가 나타나리라고 어떻게 생각할 수 있겠는가?

기독교라는 종교가 순수한 마음에서 우러나온 사랑을 목표로 한다면 소셜 미디어상에서 벌어지는 기독교인들의 대부분 행태는 거짓 종교인의 모습이라 할 수 있다. 아무리 신학적인 지식이 풍부하고 성경적으로 해박할지 몰라도 그것은 바리새인의 종교이다. 오만과 자기 의와 율법주의에 찌든 문화이다. 사람들이 짐을 감당하도록 도와주기보다 오히려 짐에서 벗어나지 못하게 결박하고 구속한다. 사랑하고 용서하기보다 비난하고 정죄한다. 의롭지 않다고 생각하거나 신학적인 지식이 부족하다고 생각하는 이들을 조롱한다. 판단할 이유를 찾아내며 무례하고 잔인한 공격에서 희열을 느낀다. 따듯한 마음에서 나오는 친절한 말이 결여되어 있다. 진리를 사랑한다고 공언하지만 실상 자기애에 도취되어 있을 뿐이다. 자기 자신의 목소리에 홀려서 남의 말을 거의 경청하지 않는다.

성령의 열매를 꾸준히 맺지 못하는 기독교적 미디어 문화는 실제로 바리새주의Pharisaism, 다시 말해 하나님의 나라로 위장한 자아의 왕국에 불과하다. 예수님이 십자가의 길로 나아가시면서 가장 강력하게 질책하신 이들은 그러한 문화를 조장하는 사람들이었다(마 23장 참고). 겸손하며 죄인을 구원하고 용서하며 변화시키는 은혜는 독립적이고 관계를 해치는 오만하고 무례한 유해성을 낳지 않는다. 오히려 정반대의 열매를 맺는다.

내가 특별히 순진하다고 생각하지는 않지만, 소위 '그리스도인들'이 온라인상에서 서로 대화를 하는 방식을 보면 늘 충격을 받는다. 나는 영적 지도자들에 대한 무례한 반응에 늘 경악하게 된다. 지도자들에게 질문하는 내용을 절대 게시해서는 안 된다거나, 그들을 존중하며 대화하는 것도 안 된다거나, 심지어 그들과 절대 토론해서는 안 된다는 말을 하는 것이 아니다. 그러나 "이봐요, 친구. 트위터질 그만해요", "형제여, 주둥이 좀 닫지 그래요", "부엌에 가서 밥이나 하시오", "사역은 하지만 바보 같은 말은 버리지 못할 거야"라는 글을 읽을 때면 예수 그리스도의 교회와 그 문화 상태에 대해 참담한 심경에 사로잡힌다. 우리는 서로 사랑하며 하나님과 그분의 진리를 아는 지식이 자라는 가운데 서로 하나를 이루는 사랑의 공동체에서 살도록 지음을 받았다. 이런 공동체를 해치는 것은 무엇이든 우리에게 해로우며, 우리의 성장을 방해하고, 예수님이 죽으심으로 열어 주신 삶을 외면하게 한다.

하나님과 상관없이 독립적이고 관계를 해치는 지금의 기독교 소셜 미디어 문화를 생각하던 중 에베소서 3장 말미의 바울의 말을 떠올리게 되었다. 예수 그리스도의 은혜의 신학에 대한 그의 논증에서 이 말씀은 매우 중요하다. "너희가 사랑 가운데서 뿌리가 박히고 터가 굳어져서 능히 **모든 성도와 함께** 지식에 넘치는 그리스도의 사랑을 알고 그 너비와 길이와 높이와 깊이가 어떠함을 깨달아 하나님의 모든 충만하신 것으로 너희에게 충만하게 하시기를 구하노라"(엡 3:17-19). 바울은 복음의 해석학이 공동체적 사역임을 말하고 있다. 우리는 다른 성도들과 함께 공동체에서 배우고 이해할 때만 하나님 사랑의 구속사적 의미를 제대로 이해할 수 있다. 변화로 나타나는 실제적인 복음의 이해는 공동체적 과제이다. 복음은 다른 성도들과의 겸손하고, 수용적이며, 상호 의존적인 관계라는 맥락에서만 온전히 이해할 수 있다. 이런 관계를 해치는 행동은 그것이 무엇이든 필사적으로 알아야 할 진리를 온전히 이해하는 우리 잠재력에 손상을 가한다.

은사주의 신자들은 개혁주의적 신자들과 대화가 필요하다. 침례교 신자들과 장로교 신자들은 서로를 존중하며 대화하고 서로의 말을 겸허히 경청할 수 있어야 한다. 정치적으로 보수적인 신자들은 보수색이 강하지 않은 이들과 대화를 나누어야 한다. 지도자들은 지도자가 아닌 사람들과 대화해야 한다. 젊은 성도들과 노년의 성도들 역시 서로 대화할 수 있어야 한다. 백인 신자들과 흑인 신자들은 서로 복음에 대해 대화할 수 있어야 한다. 우리의 대화는 인종적, 민족적, 정치적, 연령별, 성별, 교리적 경계선을 넘어야 한다. 우리는 단순히 개인들의 집합이 아니다. 집단들의 모임이 아니라 그리스도 안에서 하나 된 형제자매들이다. 이런 공동체의 하나 됨을 하찮게 여기는 모든 반응은 복음에 필수적인 요소인 마음으로 이해하고, 가슴으로 받아들이며, 삶에서 열매를 맺는 것을 해친다. 유해한 반응성은 진정한 기독교가 금과옥조로 여기는 공동체에 유해하므로 진정한 기독교의 적이다.

사랑하기보다 이기는 데 필사적인 오만하고 독립적이며

반사회적인 기독교와 절연하기 위해서는 하나님이 원래 계획하신 본질에서 완전히 벗어난 이 문화에 가담한 죄를 기꺼이 고백하고 회개하는 데서 출발해야 한다. 더 나은 길이 있고 은혜로 그 일이 가능하다.

죄는 보복한다

서로 의견 차이가 있을 수 있지만 그렇다고 상대방을 미워하고 해치고 싶어 하는 것은 완전히 다른 문제이다. 에덴동산에서 범죄함으로 죄가 세상에 들어온 직후 복수의 씨앗이 자라기 시작했다. 보복은 아담과 하와가 서로를 탓하며 손가락질을 할 때 시작되었다. 죄는 우리 자신의 문제를 인정하고 고백하기보다 타인의 죄와 약점, 실패, 무능력, 위선, 논리적 오류, 미성숙, 편견을 지적하는 일을 훨씬 잘한다. 죄는 실제 우리 모습보다 우리 자신을 더 의롭게 생각하고, 상대방에 대해서는 실제보다 더 부정적으로 생각한다. 우리 집단이 아닌 이들의 글에 대해서는 글자 하나하나까지 현미경을 들이대며 따지고, 우리와 생각이 같은 사람들의 글에 대해서는 동일한 잣대를 들이대려 하지 않는다. 우리는 하나같이 다른 사람들을 비난하는 데 조금도 거침이 없다. 게시된 글의 이면에 있는 동기와 그 사람의 인격을 의심하는 데 너무나 빠르다. 이런 모든 행태는 매우 자의적이며 하나님 백성들의 공동체와 대화와 사명과 명성에 파괴적이다.

상대방을 탓하는 수동적인 보복은 종종 상대방을 해치는 적극적인 보복으로 변질된다. 창세기 4장의 끔찍한 형제 살해 사건이 대표적이다. 그러나 항상 그렇게 끔찍한 수준은 아니더라도 소셜 미디어에서도 이런 일이 벌어진다. 대화로 초청하는 게시물도 있고 토론을 청하는 게시물도 있으며 어떤 경우에는 게시물을 올린 사람의 진정성을 의심하거나 논지의 타당성에 의문을 제기하는 게시물도 있다. 그러다가 한 개인의 명예를 훼손하거나, 목소리를 내지 못하게 억압하거나, 팔로워들이 그 개인을 강퇴시키는 데 동조하도록 하기 위한 게시물이 등장한다. 그런 짓은 거룩하시고 지혜가 충만하신 하나님만이 하시는 일을 가로채는 짓이다(롬 12:17-21 참고). 나는 레위기 19:17-18의 경고가 유익하면서도 엄중하다는 것을 확인했다. "너는 네 형제를 마음으로 미워하지 말며 네 이웃을 반드시 견책하라 그러면 네가 그에 대하여 죄를 담당하지 아니하리라 원수를 갚지 말며 동포를 원망하지 말며 네 이웃 사랑하기를 네 자신과 같이 사랑하라 나는 여호와이니라." 누군가를 원망하고, 합리적으로 반응하지 못하며, 복수심에 가득 찬 반응을 보이는 것은 모두 마음에 미움을 품었기 때문이다. 쓴 약을 삼키는 것 같겠지만 겸허하게 마음을 열라고 요청하고 싶다. 소셜 미디어에서 보인 반응의 강도와 성격이 진리에 대한 사랑이나 잘못된 것을 드러내고자 하는 열망이 아니라 마음의 미움에서 비롯되었을 가능성은 없는가? 한 개인이나 집단에 대한 증오심으로 이어지는 원망은 절대 합리적인 반응으로 이어지지 않는다. 오히려 수동적으로든 적극적으로든 언제나 이웃에 대해 죄를 짓게 만든다. 이웃을 내 몸과 같이 사랑하면 절대 무례하게 상대방을 조롱하거나, 한 개인의 인격을 모욕하고 정죄하거나, 어떤 다른 언어적 잔혹 행위를 할 수 없다. 레위기 19:17-18의 렌즈로 들여다보면, 우리의 공적인 기독교 이면에는 엄청난 개인적인 증오심이 들끓고 있음을 인정하게 될 것이다.

우리에게는 진리의 문제만 있는 것이 아니다. 우리가 사용하는 소통의 장에서 날마다 발생하는 거대한 사랑의 문제가 있다. 사랑은 세심하게 읽고, 경청하며, 글을 쓰고 말하는 사람의 의도를 최대한 선의로 해석한다. 미움은 잘 읽거나 경청하지 않고 상대방의 말에서 최악의 의도를 읽어내며 동네방네 소문을 낸다. 죄는 사랑의 공동체를 이루며 살아야 하는 사람들을 인간의 복지와 번영을 위한 창조주의 노력의 핵심적 부분인 공동체의 건강을 파괴하는 증오심에 찬 사람들로 타락하게 만든다. 반응하고 싶은 충동을 느낄 때 그 충동의 이면에 있는 마음은 무엇인가?

죄는 누구나 안고 있는 문제이다

당연하다고 생각될지 모르지만 영원의 이쪽에 있는 우리 모두는 여전히 죄라는 문제를 안고 있다. 예수님의 삶과 죽음과 부활로 죄의 권세가 무너졌지만 죄의 잔재는 여전히 사라지지 않고 남아있다. 우리는 죄의 최종적 파멸을 목도하겠지만 아직은 그 단계에 도달하지 않았다. 그러므로 우리는 모두 죄의 유혹에 취약하다. 마음에 미움을 품을 수 있고, 자비보다 보복에 더 끌리며, 충격적일 정도로 자기 영광과 자기 의에 도취될 수 있고, 죄를 인정하기보다 상대에게 탓을 돌리고 싶은 마음이 더 강하게 들 수도 있다. 그러므로 우리는 모두 상대방이 아닌 바로 우리 자신에게서 구원받는 은혜가 필요하다. 우리는 정결한 마음과 의로운 영을 주시도록 다윗처럼 기도해야 한다(시 51편 참고). 도우심을 구하며 부르짖을 때 하나님이 기꺼이 들으시고 응답하시며 넘치는 은혜로 우리를 맞아주실 것을 확신하며 살아야 한다. 그분의 은혜는 우리가 이 유해성에서 벗어날 미래를 보장해 주지만, 또한 바로 여기에서 새로운 시작과 출발을 보장해 준다.

4
은혜

오래 전 나는 인생이 변화되는 놀라운 사랑의 은혜를 경험했다. 그 일로 나는 변화되었고 내 인생의 궤적이 달라졌다. 감사하는 마음으로 그 순간을 수없이 되새기며 이런 은혜가 개입한 순간이 없었더라면 내가 어떻게 되었을지, 어디서 무엇을 하고 있을지 생각하게 된다. 당시 나는 오만하고 미숙했고 수많은 실수와 잘못을 저질렀다. 하지만 무차별적 비난을 받고 내 인격과 자격 요건마저 의심을 받으면서 패배감에 빠졌고, 마음에 큰 상처를 입고 낙담한 가운데 나를 방어하기에 급급했다. 내가 하고 싶은 건 도망가는 것뿐이었고, 실제로 그렇게 할 구체적인 계획을 세웠다. 그러나 사랑이 풍성하신 하나님은 마음이 따뜻한 사랑의 사람을 보내셔서 우울하고 비관적인 대화에 은혜를 끼치는 말로 개입하도록 하셨다. 잘못을 한 사람은 나였기에 책망을 받아야 마땅했다. 하지만 그런 책망은 당시 내게 아무 도움도 되지 않았을 것이다. 또 다른 언어적 공격으로만 받아들였을 것이 분명했다. 내 마음을 녹이고 내 인생에 변화를 가져다준 것은 참을성 있게 들으며 용서와 사랑의 말로 쏟아낸 은혜였다.

그날 나는 쓰고 말하는 생활을 업으로 삼게 된 계기가 되었던 한 가지 진리와 맞닥뜨렸다. **그것은 하나님이 은혜가 필요한 사람에게 은혜의 사람을 보내셔서 은혜를 베푸심으로 눈으로 보이지 않는 은혜를 보이게 하신다는 진리였다.** 은혜는 우주에서 가장 강력한 변화의 능력이다. 거짓말쟁이들이 진리를 말하는 사람들로 변화된다. 교만한 자들이 겸손하게 변화된다. 이단 숭배자들이 성경학자들로 변화된다. 이기적인 사람들이 사랑을 베풀고 물질주의에 찌든 사람들이 아낌없이 베풀게 된다. 패역한 사람들이 기꺼이 신실하게 순종하는 사람들로 변화된다. 보지 못하는 이들이 보게 되고 영적으로 듣지 못하는 사람들이 듣게 된다. 무너진 관계들이 회복되며 미움이 있던 곳에 사랑이 흐르게 된다. 오직 은혜만이 영적으로 죽은 사람들을 살릴 힘이 있다. 자기 영광에 도취된 사람들이 다른 사람들의 영광을 위해 살게 된다. 자기 위안만 중요하던 사람들이 기꺼이 희생하며 살게 된다. 두려움이 있던 곳에 용기가 솟아나고, 절망이 있던 곳에 소망이 샘솟으며, 전쟁과 분쟁으로 얼룩진 곳에 평화가 깃든다. 우상숭배를 버리고 하나님을 예배하며 그 어떤 것으로도 무너뜨릴 수 없던 마음의 우상이 무너진다. 측량할 수 없는 은혜의 변화시키는 능력을 결코 축소하거나 의심해서는 안 될 것이다.

매일 나의 트위터에 뜨는 게시물들을 살펴보면 여전히 우리 신학의 핵심을 차지하는 은혜에 대한 믿음이 사실상 무의미해진 것은 아닌지 의심을 품게 된다. 소망을 다른 데서 찾고 있는 듯한 생각이 든다. 집에서 무엇인가를 고치기 위해 도구를 들고 노력하다가 효과가 없어서 사용하던 도구를 내려놓고 다른 도구를 사용한다면, 그 도구가 문제를 해결하는 데 도움이 되지 않는다고 생각하기 때문에 그렇게 한 것이다. 소셜 미디어에서 펼쳐지는 풍경을 보면 종종 심각한 은혜 실종 사태를 확인하게 된다. 그런 모습을 볼 때 나는 고린도후서 10장의 말씀을 자주 생각한다. 여기서 사도 바울은 우리가 사용하는 무기는 세상의 무기가 아니라고 설명한다. 그러나 소셜 미디어상에서 우리는 세상의 무기로 싸우고 있다. 주제는 다를지 모르지만 기독교 소셜 미디어에서 나타나는 유해한 반응성은 종종 세속 사회의 소셜 미디어와 전혀 다를 바가 없어 보인다. 세상의 무기를 조금도 망설임 없이 사용한다는 것은 아마 하나님의 은혜의 구원하며 변화시키는 능력을 사실상 신뢰하지 않는다는 반증일 것이다. 실제 생활 속에서 우리는 모두 일을 해결하는 데 도움이 된다고 생각하는 도구를 사용하게 된다.

성경은 사람들을 회개하도록 이끄는 것이 하나님의 진노하심이 아니라고 말한다는 사실에 주목해야 한다. 하나님께서 죄에 대해 무서울 정도로 진노하심에도 불구하고 우리가 듣고 귀 기울이며 믿고 고백하며 회개하도록 이끄는 것은 그분의 선하심이다(롬 2:4). 긍휼이 심판을 이긴다. 서로 다른 생각으로 의견이 충돌하고 논쟁이 벌어지며 어떤 관심사에 반응하는 우리 모습을 보면 우리가 방어하며 지키려고 하는 신학을 망각해 버린 것은 아닌지 의문이 생긴다. 변화시키는 은혜의 능력에 대한 실제적 믿음을 포기한다면, 아직 우리 마음에 숨어 있는 죄의 유해성으로 사람들에게 반응하도록 여지를 주는 것이다. 친절하게 대하는 대신 심술궂게 굴고, 난폭함이 온유함을 몰아내고, 존중은 사라지고 조롱이 난무하며, 긍휼 대신 앙갚음이 횡행하고, 사랑은 미움으로 바뀐다. 용서하는 대신 거부하고, 평화를 도모하는 대신 싸움을 부추기며, 화합을 위해 힘쓰지 않고 집단주의가 힘을 얻으며, 겸손하게 받아들이는 대신 자기방어에 급급하고, 인내하며 사랑하는 대신 미워한다.

이 장은 언제 어디서 누가 무슨 일을 하든지 은혜를 누리며 베푸는 삶을 다시 회복하라는 요청을 담고 있다. 은혜는 단순히 하나님과 관계를 맺는 수단만이 아니라 그분과 영원히 함께할 수 있다는 약속이다. 또한 새로운 생활방식을 받아들인다는 의미이다. 은혜는 우리가 자신의 한계를 겸허히 인정하고 하나님의 부르심에 겸손히 응하도록 이끌어 준다. 성경 곳곳에서 빛나는 은혜의 신학은 우리로 깊은 겸손에 이르도록 한다. 자력으로는 가장 절실하고 근본적인 변화를 이룰 수 없음을 인정하도록 하며, 하나님의 구원하심이 필요한 존재임을 인정하도록 한다. 또한 혼자서는 누구도 변화시킬 힘이 없음을 인정하도록 요구한다. 분노나 논리력, 죄책감, 수치심, 두려움의 힘으로 다른 사람을 실제로 변화시킬 능력이 내게 있다면 예수님의 삶과 죽음과 부활하심이 필요 없었을 것이다. 인간 마음의 변화는 항상 하나님의 은혜의 몫이다.

당연히 하나님은 여러 도구들을 사용하신다. 우리가 복음 선포, 성경적 제자도, 잘못에 대한 책망, 성경 진리의 변호, 정직한 토론과 논쟁, 가르침, 설교, 상담의 가치를 인정하는 이유가 이 때문이다. 그러나 우리는 항상 "하나님은 이 순간 무엇을 하고 계시며 나는 그 과정에 어떻게 동참할 수 있는가?"라는 질문을 반드시 해야 한다. 중요한 것은 내가 무엇 때문에 화가 났는지, 상대방에 대해 어떻게 생각하는지, 내가 이 순간 원하는 것은 무엇이며, 이 다른 집단에 대해 어떻게 생각하고, 내가 어떻게 평가받기를 원하는지가 아니다. 나는 절대 무대의 주인공이 아니다. 하나님이 주인공이다. 나의 뜻이 절대 기준이 아니라 하나님의 뜻이 기준이 된다. 나의 희망과 꿈이 결정적인 요인이 아니라 하나님의 계획과 뜻과 부르심이 결정적인 요소이다. 은혜의 문화는 하나님이 그 뜻대로 이루어가시며 지금 여기서 내가 할 수 없는 일을 이루어 주시고 내가 그 일부가 되도록 불러 주심을 인정한다. 하나님의 은혜의 신학은 항상 내 반응에 더 고귀하고 위대한 목적을 부여한다. 그 상위의 목적에 내 말이 일치하도록 복종하면 개인적이고 공동체적으로 파괴적인 반응성의 유해함에서 자유할 수 있다.

하나님의 은혜의 방식

성경은 은혜의 삶에 온전히 헌신하라는 요청으로 가득하다. "하나님이 너희를 용서하신 것처럼 용서하라", "내가 너희를 사랑한 것같이 너희도 서로 사랑하라", "아버지께서 긍휼을 베푸시듯이 긍휼을 베풀라"(엡 4:32; 요 13:34; 눅 6:36 참고). 그렇다면 이 은혜의 생활방식이 어떤 것이며 그 방식이 서로에 대한 우리의 반응에 어떤 영향을 미치는지 살펴볼 필요가 있다. 갈라디아서 5장이 은혜의 생활방식에 대해 가장 정확하게 설명하고 있는 것으로 보인다. 바울은 오직 마음을 변화시키는 성령의 은혜로만 가능한 이 생활방식을 죄의 파괴적 유해성과 대조한다. "육체의 일은 분명하니 곧 음행과 더러운 것과 호색과 우상 숭배와 주술과 원수 맺는 것과 분쟁과 시기와 분냄과 당 짓는 것과 분열함과 이단과 투기와 술 취함과 방탕함과 또 그와 같은 것들이라"(갈 5:19-21). 바울은 원수 맺는 것, 분쟁, 시기, 분냄, 당 짓는 것, 분열함, 투기를 음행과 주술과 나란히 열매 없는 어둠의 일이라고 규정한다. 우리는 주변 문화의 성적 문란함을 비판하면서도, 성경이 "육체의 일"이라고 규정한 많은 죄악을 우리의 기독교 소셜 미디어 문화에 방치하고 허용해 왔다는 사실에 경각심을 가져야 한다. 바울에 따르면 이런 일들은 하나님 나라 문화에 이질적인 문화이다. 그러므로 어떤 문제이든, 혹은 우리가 반응하는 이들이 누구이든, 서로에게 반응하는 방식에 이런 육체의 일이 영향을 미치지 않도록 해야 한다.

이어지는 구절에서 하나님의 은혜의 방식이 소개된다. "오직 성령의 열매는 사랑과 희락과 화평과 오래 참음과 자비와 양선과 충성과 온유와 절제니 이같은 것을 금지할 법이 없느니라"(갈 5:22-23). 이런 자질적 특성들은 오직 하나님의 은혜로만 가능하기 때문에 나는 이 목록을 '하나님의 은혜의 방식'이라고 부른다. 아무리 애를 써도 내게는 이러한 목록을 지닌 사람으로 변화될 능력이 없다. 그래서 우리는 종종 이 인격적 자질의 목록을 '성령의 열매'라고 부른다.

그러나 이런 자질은 또한 나를 통해 사람들에게 은혜를 베푸시는 하나님의 수단이기도 하다. 소셜 미디어 반응에서부터 사람들에 대한 우리의 개인적 반응에 이르기까지 모든 것이 이 아름다운 은혜의 문화로 형성된다고 생각해 보라. 항상 자비함으로 반응한다고 상상해 보라. 모든 상호 관계가 온유하고 절제하는 심령으로 이루어진다고 생각해 보라. 오래 참으며 성급하게 반응하지 않고 자제할 수 있다고 생각해 보라. 선한 것을 도모하는 말만 하고자 최선을 다한다고 생각해 보라. 이런 은혜의 생활방식을 삶으로 온전히 실천함으로 그 누구도 그 무엇으로도 이 방식을 포기하게 할 수 없다고 생각해 보라. 이런 자질들은 아름다운 자질이며 이 때문에 우리는 기독교 소셜 미디어와 사회에서 그리스도인의 존재가 다시 아름답게 인정받을 수 있다는 희망을 견지할 수 있다. 그렇다고 타협하거나 유약해지라는 말이 아니다. 마음과 태도에서 아름다운 덕성이 드러나게 하라는 말이다. 성령의 지속적인 변화의 사역에 헌신하며 그분의 뜻을 우리의 뜻으로 삼는다면 보복식 반응이나 조롱하는 반응, 인격 말살, 무례, 묵살, 난폭함, 유해한 집단주의과 같은 소셜 미디어를 어둠의 본거지로 만드는 행동들이 모두 사라질 것이다.

은혜의 문화의 핵심에는 그리스도를 닮고자 하는 문화가 있다. 성경이 그리스도를 닮아가도록 우리를 부를 때 그것은 그리스도께서 성전의 상을 엎으신 일을 닮으라는 말이 아니다. 회초리를 휘두르라는 말도 아니다. 그리스도처럼 십자가를 지고 자신에 대해 죽으라는 요청이다. 당신의 반응이 상을 뒤엎는 식의 범주에 더 가깝다면 하나님의 은혜의 계속되는 이야기와 그 안에서 당신의 역할에 대해 오해를 했기 때문은 아닌지 우려스럽다. 나는 요한이 자신의 복음서 첫 장에서 예수님을 소개한 내용을 읽을 때 깊은 감동을 받는데,

특히 다음의 말씀에 위로를 받고 확신을 얻는다. "말씀이 육신이 되어 우리 가운데 거하시매 우리가 그의 영광을 보니 아버지의 독생자의 영광이요 은혜와 진리가 충만하더라"(요 1:14). 육신을 입으신 하나님의 아들을 묘사한 마지막 세 구절, "은혜와 진리가 충만하더라"를 들을 때 우리는 모든 것을 멈추고 마음과 가슴이 이 말씀으로 벅차올라야 마땅하다. 예수님은 우리가 견지하는 복음의 핵심이 되시는 분이다. 우리는 은혜로 그분을 본받으라는 요청을 지속적으로 받고 있다. 그분은 우리 마음에 주님으로 좌정하셔야 한다. 우리는 무슨 일을 하고 무슨 말을 하든지 예수님께 복종하는 마음으로 해야 한다. 죄로 어두워진 세상에서 기독교의 비교할 수 없는 능력과 아름다움은 이 세 단어에 함축되어 있다. 우리가 진심으로 예수님을 따르고자 한다면 이 말씀이 우리가 지니고 다니는 깃발이 되어야 하며 우리의 메시지가 되어야 한다. 우리의 인격이 이 말씀으로 빚어져가야 한다. 예수님이 진리로만 충만하시지 않았다는 사실을 유의하는 것이 중요하다. 진리로만 충만하신 분이었다면 우리에게 소망이 없었을 것이다. 구속도, 구원이나 용서도, 새로운 출발이나 시작도 없었을 것이다. 우리가 도달하기에는 너무 높은 기준과 감당하기에는 너무나 거룩한 심판만이 있었을 것이다.

요한은 예수님이 진리로 충만하셨을 뿐 아니라 은혜로도 충만하셨다고 말한다. 이 세상과 내세에서 우리의 희망이 될 진리와 은혜로 충만하셨다. 메시아가 은혜를 위해 진리를 타협하셨다면 하나님의 의의 요건을 만족시킬 수 있다는 희망이 없었을 것이다. 반대로 진리를 위해 은혜를 포기하셨다면 죄를 위한 사랑의 희생은 불가능했을 것이다. 통합적인 복음의 세계관에서 진리와 은혜는 결코 분리될 수 없으며, 둘 중 어떤 것이 더 가치 있지 않고, 어떤 것도 포기할 수 없다. 은혜를 완전히 무시하는 진리를 말한다면 실제로 스스로 말하고 있다고 자부하는 '진리'를 해치게 된다. 진리를 타협하며 은혜를 추구한다면 스스로 베푼다고 하는 그 '은혜'는 사실 전혀 은혜가 아니게 된다.

그리스도를 닮아가고자 최선을 다한다면, 진리를 이용해 다른 사람들을 망신 주거나 조롱하며 거부하고 자기 의로 판단하거나 무례하게 굴 수 없다. 남을 해치는 데 진리를 이용하면 그 진리는 다른 여러 감정과 주장들로 왜곡되고 변질되므로 더 이상 진리라고 할 수 없다. 그렇다. 우리는 진리를 사랑하고 방어하도록 부르심을 받지만 절대 은혜가 결여된 방식으로는 아니다. 소셜 미디어에서 내가 읽은 반응들은 많은 경우 은혜가 결여되어 있었다. 계속해서 강조하지만 생명을 살리는 성결하고 놀라운 진리는 유해한 반응성 때문에 실종되고 만다. 그렇게 해서 결국 그 진리는 생명을 살리고 자유하게 하며 견책하고 깨닫게 하는 지혜로서 역할을 하지 못하게 된다. 나는 이것을 망치로 정교한 시계의 복잡한 장치를 만들고자 하는 것과 비슷하다고 생각한다. 잘못된 도구를 사용하기 때문에 잘 만들어야 하는 것을 오히려 망가뜨리게 된다. 수리가 필요한 집 앞에서 거대한 철거용 쇳덩이를 본다면 그 집은 수리 중이 아니라는 것을 확인하게 된다. 철거 판정을 받았고 곧 부숴질 것이다. 다른 사람들의 죄와 약점, 미성숙, 부적절함, 실패, 잘못에 대해 철거용 쇳덩이를 휘두르듯이 반응하면 절대 진리의 집을 세우지 못한다. 우리가 그리스도를 닮아가고자 한다면 절대 그렇게 해치는 식으로 진리를 이용하지 않을 것이다. 그렇다. 무너뜨려야 할 거짓의 견고한 진이 분명히 있지만 그 자리에는 항상 진리의 아름다운 집을 짓고자 하는 노력이 동반되어야 한다. 부수고 무너뜨리는 거대한 망치들을 휘두르면서 희열을 경험할지는 몰라도 오직 철거용 망치로만 지은 집에서는 절대 살고 싶지 않을 것이다.

나를 대적하는 사람을 제대로 이해하는 데 필수적인 인내심은 은혜가 함께해야 가능하다. 고요한 지혜로 대답하기 위해서는 은혜가 필요하다. 개인적인 공격에 사랑으로 반응하기 위해서는 은혜가 함께해야 한다. 우리의 감정과 편견의 방해를 받지 않고 진리를 말하기 위해서는 은혜가 필요하다. 겸손히 다가가기 위해서는 은혜가 필요하다. 사랑으로 진리를 말하기 위해서도 은혜가 필요하다. 진리의 이름으로 기독교 공동체를 위태롭게 하지 않으려면 은혜가 필요하다. 누군가의 인생에서 내 힘으로는 불가능한 것을 하나님이 이루어 주시리라 신뢰하기 위해서는 은혜가 필요하다. 겸손과 사랑으로 진리를 붙들기 위해서는 은혜가 필요하다. 경건한 반응에는 언제나 은혜가 깃들어 있다.

여기서 은혜로 반응한다는 의미를 오해하지 않아야 한다. 도움이 될 몇 가지 사항들을 소개하고자 한다.

은혜는 절대 거짓을 참이라고 하지 않는다. 은혜는 잘못에 대응하는 한 가지 방법이다. 나는 우리의 반응을 항상 은혜로 맛을 내야 한다고 강조한다. 그러나 많은 사람이 수동적이고 상냥하게 혹은 그냥 순순히 상황에 순응하라는 식으로 내 말을 받아들인다. 은혜는 절대 잘못을 간과하지 않는다. 결코 틀린 것을 맞다고 하지 않는다. 악과 맞설 때 절대 수동적이지 않다. 틀린 것을 맞다고 한다면 은혜가 필요 없을 것이다. 하나님이 죄를 인정하고 미워하신다는 것은 죄를 다루어야 한다는 것을 의미한다. 하지만 그분의 은혜는 심판이 아니라 긍휼로 다루어야 함을 요구한다. 은혜는 언제나 구속을 목적으로 반응하고자 하는 소망 가운데 다른 사람들에게 나아간다. 은혜는 사랑하고 바라며 오래 참고 용서하는 것이다. 은혜는 이런 마음으로 잘못에 반응한다.

은혜는 정죄하지 않고 공동체와 교제하도록 한다. 예수님은 우리를 정죄하려 오신 것이 아니라 우리가 그분과 그리고 서로와 활기 넘치는 공동체를 이루는 데 꼭 필요한 것을 주기 위해 오셨다. 그분의 생애와 죽음과 부활로 우리는 하나님과 화목하게 되었고 그 화목으로 서로와 화목할 수 있게 되었다. 예수님은 십자가를 앞두고 자신이 아버지와 하나이듯이 우리가 서로 하나 되게 해달라고 기도하셨다. 하나님은 공동체로 존재하시는 분으로 우리에게 은혜를 베푸셔서 우리가 서로 풍성한 공동체를 이루며 살 수 있게 하셨다. 에베소서 4장은 할 수 있다면 최선을 다해 그 공동체의 하나 됨을 지키라고 요청한다. 낯선 사람과 소셜 미디어에서 만나든, 더 개인적인 소통을 나누든, 우리의 말은 항상 이 공동체의 하나 됨을 보호하는 데 초점을 맞추어야 한다. 예수님이 우리가 향유하도록 고난과 죽음까지 감수하신 이 공동체를 분열시키거나 해치거나 약화시키거나 무너뜨리는 반응을 절대 해서는 안 된다. 우리는 또한 각 개인의 영적 건강을 위한 하나님의 놀라운 계획이 언제나 공동체적 사건임을 인정해야 한다.

은혜는 겸손하다. 자신의 지혜에 도취되지 않도록 지켜준다. 팔로워 수를 자랑하거나 우쭐해하지 않게 오만함에서 지켜주고, 스스로의 능력으로는 절대 달성할 수 없었을 업적을 가로채지 않도록 해준다. 자신처럼 뚜렷한 성과를 내지 못한 사람들의 말을 귀 기울여 들을 수 있도록 해준다. 이 말은 왕처럼 위세를 부리며 말하지 않고 종의 겸손함으로 말한다는 뜻이다. 은혜는 자아 과잉 상태에서 소통하지 않도록 도와준다. 남들을 열등하다고 판단하고 무시하지 않도록 도와준다. 진리를 이용해 자신의 똑똑함을 사람들에게 증명하는 잘못을 범하지 않게 해준다.

은혜는 공감과 이해로 이루어진다. 히브리서 4:14-16은 예수님을 공감 능력이 탁월하며 명철한 대제사장으로서 우리의 연약함을 긍휼히 여기시는 분으로 소개한다. 그런 분이시기에 우리는 도움이 절실할 때 그분이 상황에 맞는 자비로 우리에게 응답하실 것을 믿고 담대히 그분을 의지한다. 은혜는 결코 차갑고 무감하지 않다. 절대 문제를 사람보다 더 중요한 것처럼 여기며 접근하지 않는다. 은혜는 사려 깊고 이해하며 배려한다. 여기서 잠깐 소셜 미디어 문화를 떠올려 보고 그것이 얼마나 공감 능력이 결여되어 있는지 생각해 보라. 쉬지 않고 올라가는 게시물은 본질적으로 "난 당신이 어떤 사람인지, 어떤 일을 겪고 있는지, 내 말이 어떤 영향을 미칠지 관심이 없어. 누가 뭐래도 내 마음대로 반응할 거야"라고 말하는 셈이다. 그리스도를 닮아가는 데 초점을 맞추는 기독교 소셜 미디어는 공감하고 이해하는 의사소통의 상징이 되어야 한다. 다시 말해서 더 깊이 있는 상호 소통을 도모하는 방식으로 실제로 소통하는 장이 되어야 한다.

은혜는 오래 참으며 온유하다. 성경의 역사는 주님의 오래 참으심과 긍휼의 역사이다. 성경 이야기의 모든 장에서 우리는 주님이 심판을 미루시고 긍휼을 물 붓듯이 부어 주시는 모습을 볼 수 있다. 성경 이야기 속을 산책할 때마다 하나님의 사랑에 감격하지 않을 수 없다. 그분은 신자나 패역한 자를 차별하지 않고 축복을 부어 주신다. 매일 그분의 은혜로 죄를 멀리할 수 있다. 믿음으로 그분을 따르는 자들만이 아니라 모든 사람이 그 은혜로 살 만한 인생을 살 수 있다. 하나님은 은혜의 하나님이시므로 선하며 자비하고 오래 참으며 사랑한다는 것이 무엇인지 규정해 주신다. 우리는 인내와 자비의 문화가 절실하게 필요하다. 우리는 너무나 성급하게 반응하며, 긍휼의 정의에 전혀 미치지 못하는 방식으로 반응하는 데 너무 익숙하고 편안해져 있다.

은혜는 다른 사람을 위해 기꺼이 고통을 감당한다. 사람들에게 반응할 때 하나님의 은혜의 도구가 되겠다고 결단한다는 것은(하나님이 정하신 건강한 소통의 기준이라는 것을 기억하라) 기꺼이 고난을 감수하겠다는 뜻이다. 소셜 미디어에는 나에 관한 끔찍한 내용들이 계속 올라온다. 내 사역을 인정했더라도 나에 대해 사람들이 비난하는 내용이나 나를 조롱하는 영상들을 보고 나를 외면하는 이들도 적지 않다. 누군가의 주장을 뒷받침하기 위해 내 메시지를 왜곡하는 경우도 심심치 않게 벌어진다. 이런 공격들을 견디기가 쉽지는 않지만 나는 위축되지 않고 모든 일을 공정하게 판단하시는 하늘 아버지께 나를 의탁하기로 결심한다. 소셜 미디어라는 강력한 도구를 사용해 서로 죽고 죽이는 전쟁터를 만들고 싶지 않다. 대신 사람들이 사랑의 복음이 주는 깨달음과 격려를 얻을 수 있는 곳이 되기를 원한다. 더 많은 사람들이 싸움에 바로 뛰어들지 않고 은혜의 마음으로 따뜻하고 사려 깊게 반응함으로 기꺼이 고난을 감당하고자 한다면 소셜 미디어의 풍경은 완전히 달라질 것이다.

은혜를 베풀기 위해서는 은혜가 필요하다. 모든 성도가 하나님의 은혜의 손에 사용되는 은혜의 도구가 되라는 부르심에 순종할 때 우리는 어떤 자리로 나아가게 되는가? 은혜를 간절히 구하는 자리로 나아가게 한다. 언제라도 은혜를 베푸는 것은 내게 자연스러운 일이 아니다. 오히려 참지 못하는 것이 더 자연스럽다. 다투고 언쟁을 벌이는 것이 자연스럽다. 어떤 사람과 대화하고 있는지, 그리고 그 사람의 필요는 무엇인지 생각하지 않고 내가 말하고 싶은 대로 말하는 것이 더 자연스럽다. 상처를 그대로 움켜쥐고 그것이 언제까지나 내 반응을 결정하도록 하는 것이 더 자연스럽다. 다른 집단의 사람보다 내 집단에 속한 사람들을 편애하는 것이 자연스럽다. 나를 돌아보기보다 남의 죄악과 약점, 실수, 무능력, 위선, 잘못, 편견에 대해 더 관심을 갖는 것이 자연스럽다. 그러므로 소셜 미디어에서나 개인적 대화에서 은혜로 반응하기를 원한다면 은혜가 필요하다. 내게 당연한 것에서 벗어나 우리의 최선이 무엇인지 아시는 하나님이 부르시는 삶을 살도록 힘을 얻기 위해서는 하나님의 은혜의 개입이 필요하다.

    나는 예수님의 생애, 죽음, 부활과 우리 안에 내주하시는 성령의 함께하심으로 이 은혜를 누릴 수 있게 되었다. 얼마나 좋은 소식인가! 하나님의 은혜의 도구가 된다는 것이 부자연스러운 일임을 고백하고, 주님께서 후하고 넘치도록 아낌없이 베풀어 주실 은혜를 누릴 수 있는 우리가 되기를 기도한다.

5
정체성

필라델피아의 대형 식료품점 정문 밖에 한 남자가 돈을 구걸하고 있었다. 그의 사연을 들어보니 가족과 함께 벤 프랭클린 대교를 지나가다가 차가 고장 나 버렸다고 했다. 이 대교는 필라델피아와 뉴저지의 캄덴을 따라 흐르는 델라웨어강을 가로지르는 다리이다. 그는 우선 가족을 대중교통에 태워 집으로 보낼 돈이 필요했고 그다음에 자동차를 어떻게 처리할지 결정하겠다고 했다. 누구도 원하지 않을 상황에 빠진 이 불쌍한 아버지에게 동정심을 느끼지 않을 수 없을 것이다. 유일한 문제는 그가 날마다 토씨 하나 틀리지 않고 같은 사연을 이야기하며 그 자리에 있다는 것이었다. 그가 구걸을 하며 사연을 알리는 모습을 1년이 넘게 보던 나는 "왜 자리를 바꾸거나 사연을 바꾸지 않는 거지?"라고 중얼거렸다. 나는 결국 그렇게 하는 것이 효과가 있기 때문에 날마다 그곳에 그가 있다는 결론을 내리지 않을 수 없었다. 이 가엾은 사람이 어떤 일을 겪었는지 혹은 왜 상점 앞에서 날마다 돈을 구걸하고 있는지 나는 모른다. 내가 아는 것은 이 사람이 거짓 정체성을 쌓아 올렸다는 것이다. 그는 가족의 안전을 걱정하는 아버지도 아니었고 차가 고장 나서 온 가족이 그 다리에서 옴짝달싹 못하게 된 것도 아니었다. 그가 무슨 이유로 돈을 구걸하건, 가족을 안전하게 집으로 돌아가게 하기 위한 목적은 아니었다. 그가 들려주는 이야기는 사실이 아니었고 실제 그의 인생 이야기도 아니었다. 매우 설득력 있고 많은 관심을 끄는 이야기였으며 실제로 소기의 성과를 거두었지만 전혀 사실이 아니었다.

소셜 미디어가 '21세기 판 마트 밖의 그 남자'는 아닌지 우려스럽다. 당신과 다른 사람들에 대해 사실과 다르게 생각하게 하며 그렇게 함으로 유익보다 해악을 끼칠 가능성이 있는 가짜 정체성이 판치는 공포의 정원이 지금의 소셜 미디어이다. 스스로에게 정체성을 부여하는 일처럼 의미 있고 의사 결정이나 삶에 영향을 미치는 인간의 사고 과정은 찾아보기 어렵다. 한 개인의 출생부터 마지막 날까지 정체성은 우리가 인생을 이해하는 여러 방식 중 하나이다. 스스로 의식하든지 그렇지 못하든지 자신과 끊임없이 주고받는 은밀한 대화 속에서 우리는 스스로에게 늘 너는 누구냐고 묻고 있다. 때로 자책을 하는 순간에도 마찬가지다. "너처럼 다 큰 여자가 왜 그것밖에 몰라." 때로 스스로에게 용기를 주고 의욕을 북돋우기 위한 목적으로 자신과 대화를 할 때도 있을 것이다. "이 일을 하려고 지금까지 훈련했잖아. 넌 할 수 있어." 때로 믿음을 독려하는 대화도 있을 것이다. "넌 하나님의 자녀야. 혼자가 아니야."

우리의 이성을 창조하신 분은 정체성이 우리의 정신 건강과 적절한 활동에 얼마나 중요한지 알고 계시며, 따라서 그분의 말씀 역시 정체성에 대한 내용을 많이 담고 있다. 실제로 정체성은 창세기부터 계시록에 이르기까지 굽이쳐 흐르는 복음의 중요한 내용 중 하나이다. 성경은 명확하다. 스스로를 누구라고 믿느냐에 따라 어떻게 사느냐가 결정된다는 것이다. 정체성의 문제를 살펴보지 않고 지금 우리의 순간순간, 매일매일의 대화의 많은 부분에 영향을 미치는 유해한 반응성을 제대로 검증할 수 없는 이유가 여기에 있다. 나는 지금까지 살펴본 유해한 반응성의 문화 속에 횡행하는 다섯 가지 거짓된 정체성의 유혹이 있다고 생각한다. 왜 이것을 거짓된 정체성의 유혹이라고 명명하는가? 자신에 대해서 사실이 아닌 내용으로 결론을 내리도록 하기 때문이며, 이렇게 함으로 우리를 기만하고 파괴하기 때문이다.

관심
우리 모두에게 사람들의 관심은 필요 이상으로 훨씬 막강한 힘을 발휘하는 경향이 있다. 하나님은 우리를 혼자서 살 수 없는 사회적 존재로 창조하셨다. 그러므로 관계에 대한 우리의 갈망은 결코 잘못된 것이 아니라 원래 하나님이 주입해 주신 것이다. 그러나 우리 정체성을 사람들에게서 받는 관심의 정도에 결부시키면 위험하다. 사람들의 관심에서 정체성을 확인한다면 옳고 선하고 사랑하고 도덕적이고 온당한 일이라서가 아니라 우리가 구하는 관심을 얻을 수 있기 때문에 무엇인가를 하고 말하기 시작한다. 관심을 얻고자 하는 전략이 효과가 없다면 기분이 울적하고 화가 날 것이다. 하지만 원하는 정체성을 얻고자 더욱 필사적이 될 것이다.

사람들의 관심으로 정체성과 안정감과 내적 행복감을 확인하는 사람이 파티에 참석한다고 생각해 보라. 자신이 무엇을 하는지 의식하든 의식하지 않든, 그 파티에서 돋보이기 위해 갖은 노력을 다 할 것이다. 그 노력이 성공할 경우, 그 파티가 정말 멋진 파티였다고 생각할 것이고 스스로에 대한 자부심도 한껏 고양될 것이다. 그런 노력이 아무런 효과를 거두지 못하고 당신이 그곳에 참석했다는 사실에 사람들이 아무 관심이 없다고 생각될 경우, 당신은 기분이 울적해지고 파티에 참석하기로 한 결정을 후회할 것이다. 소셜 미디어의 정체성 위력이 바로 이와 같다. 누구나 자신에게 관심을 집중시키려고 매달리는 것이다. 좋아요 수나 조회 수는 큰 위력이 있다. 페이스북, 인스타그램, 틱톡에 내용물을 게시하고 좋아요 수가 얼마나 되는지 몇 번이고 계속해서 다시 확인하는 이유가 이 때문이다. 소셜 미디어의 중독성 중 하나는 사람들의 관심을 끌고 그로 인해 우리의 정체성 인식을 강화하는 힘이 있다는 것이다. 슬프게도 더 많은 팔로워들을 거느리고 그들에게서 더 많은 클릭과 좋아요와 조회 수를 얻는 것이 인생의 전부인 양 살아가는 사람들이 점점 더 늘어나고 있다.

사람들의 관심을 얻는 데 필사적인 이 모든 소셜 미디어 활동은 우리나 다른 사람들에게 좋지 못한 방향으로 행동하고 소통하도록 우리를 부추긴다. 사람들에게 관심을 받는다는 자만심과 이런 관심을 받고자 벌이는 활동들이 유해한 반응성이 자라나는 토양이 된다. 게시하지 말아야 할 자극적인 내용을 게시하면 사람들의 관심을 끌 수 있다. 존중받아야 할 사람을 우스꽝스러운 조롱의 대상으로 삼을 때 조회 수가 증가한다. 누군가를 사정없이 깎아내리면 사람들의 관심을 얻을 수 있다. 정체성을 확인하는 수단으로 소셜 미디어를 의지한다면 적어도 이런 식의 행동을 하고 싶은 유혹에 취약해질 수밖에 없다.

힘의 쾌감

누군가의 콧대를 납작하게 꺾으면 특별히 강력한 쾌감을 얻는다. 누군가를 보기 좋게 제압할 때 자신이 옳다는 자신감으로 의기양양하게 된다. 말싸움에서 이기는 위력은 대단하다. 자기를 희생하는 십자가의 사랑을 보여 주신 예수님을 따르는 것보다 성전에서 채찍을 휘두르신 예수님과 함께한다고 생각할 때 훨씬 더 마음이 끌리는 이유는 무엇인가? 상대방보다 더 똑똑함을 증명할 때 정체성의 효용감이 더 강화된다. 상대보다 더 많이 알고 논리력이 월등하다는 것을 인정받고 자신의 힘을 확인한다. 그 순간 자신이 옳고 역사의 옳은 편에 서 있다고 생각하면 힘을 얻는다. 누군가를 조롱하면 스스로 강력한 존재가 된 듯한 착각에 사로잡힌다. 단순히 평범한 무명의 사람이라면 트위터에서 존경받는 리더를 보기 좋게 제압할 때 자신이 중요한 존재라도 된 듯 으쓱하게 된다. 그러다가 사람들이 그 내용을 리트윗하게 되면 더욱 의기양양해진다.

그러나 소셜 미디어의 가짜 정체성은 은혜로 연마하는 덕성의 힘, 하나님이 주신 은사, 하나님의 부르심에 대한 복종, 희생하고 섬기는 삶의 결실인 좋은 열매의 추수와는 완전히 다르다. 누군가를 이기고 얻는 그러한 권력의 쾌감은 가짜 정체성이라는 중독성 강한 마약이다. 그러나 그 쾌감은 그렇게 오래 지속되지 않는다. 그 쾌감이 너무나 짧기 때문에 곧 더 강한 쾌감을 찾게 되고 또다시 반복함으로 결국 중독에서 헤어 나오지 못하게 된다.

인정

우리는 모두 어딘가에 소속되기를 원한다. 어딘가에 초청받기를 갈망한다. 스스로와 동일시할 수 있는 집단을 찾아 헤매다가 그런 집단을 발견할 때 그들의 인정에 매달릴 뿐 아니라 인정을 받고자 실제로 무엇인가를 시도하게 된다. 이런 모습은 그 자체로는 전혀 문제가 아니다. 하지만 그런 인정으로 스스로의 정체성을 확인하고 삶의 의미와 목적을 확인해서는 안 된다. 만약 그럴 경우 인정을 받기 위해서 하지 말아야 할 말이나 행동을 하게 될 것이다. 교회, 정치, 정부 기능, 가정, 지역 공동체의 건강과 화합에 심각한 부정적 영향을 미치는 유해한 집단주의가 소셜 미디어에서 기승을 부릴 것이 뻔하다. 많은 사람들이 고립감과 무력감을 느끼고 혼자라고 생각하는 문화 속에서 공동체의 정체성은 강력한 유인 효과가 있다. 의식하든지 그렇지 않든지, 우리는 자신과 동일시할 수 있고 일원으로 참여할 수 있는 집단을 찾으며 그 집단의 대의를 추종하고 우리 생각과 소통을 그 집단의 기준에 맹목적으로 끼어 맞추게 된다.

폰이나 패드, 노트북을 검색할 때마다 소셜 미디어는 훈련된 경건한 리더십과 사랑하며 서로를 돌보는 신앙 공동체가 있는 교회가 아니라는 사실을 기억해야 한다. 소셜 미디어는 불완전하지만 우리의 최선을 바라는 능숙한 부모가 있는 우리의 가정이 아니다. 또한 우리를 잘 아는 믿을 만한 친구들의 모임도 아니다. 진정한 친구라면 당신의 안녕에 관심을 기울이고 노력할 것이다. 그 집단의 사람들은 당신을 실제로 알지 못한다. 당신이 행복한지, 슬픈지, 우울한지, 외로운지, 즐거운지, 낙심하고 있는지 모른다. 그들은 당신이 어떤 어려움과 싸우고 있는지 모른다. 당신의 영적이고 정서적인 취약성이 어느 정도인지 알지 못한다. 어떤 도움이 필요한지도 모른다. 그들은 당신을 알지 못한다. 당신은 온라인의 익명성 속에서 살아간다. 공동체의 본래적 의미에서 보면 그들은 당신의 공동체가 아니다. 소셜 미디어의 집단적 정체성은 견고한 사랑, 지속적인 위로, 애정 어린 책망, 짐을 지도록 기꺼이 도와주는 노력, 진심 어린 용서, 용납, 엉망으로 망가지더라도 결코 포기하지 않는 실제 공동체를 대체할 수 없는 환상에 지나지 않는다. 창조주께서 우리 마음에 심어 주신 갈망은 절대 우리 인생을 지배하는 것처럼 보이는 온라인 세계로는 해결될 수 없다.

도덕적 우월감

'도덕적 우월감'은 정체성과 바리새인들의 유해한 율법주의의 핵심을 이루는 부분이다. 예수님은 도덕적으로 더 우월하다는 바리새인들의 생각이 망상에 불과하며 거짓된 정체성임을 분명하게 드러내셨다. 진정한 의(오직 은혜로만 소유할 수 있는 도덕적 고지대)와 오만한 자기 의는 근본적으로 다르다. 성전에 올라간 바리새인과 세리의 비유는 이런 거짓 정체성의 위험성에 대해 경각심을 갖게 한다(눅 18장). 거짓된 정체성은 항상 왜곡된 자기 평가와 타인에 대한 정죄로 이어진다. 도덕적 우월감을 갖는다고 오래 참고 온유하며 배려하고 용서하며 이해하는 마음이 생기지 않는다. 넉넉한 마음으로 사려 깊게 경청하지도 않는다. 누군가의 무능함이나 약점과 실수를 대할 때 스스로를 성찰하는 계기로 삼지도 않는다. 그들을 격려하기보다 오히려 가차 없이 판단한다. 도덕적 우월감은 자기 의와 비판적 마음과 더불어 유해한 반응성의 불길이 타오르게 하는 중요한 요소로 매일 소셜 미디어로 이룰 수 있는 긍정적 부분이 거의 초토화된다. 남들보다 더 옳고 도덕적으로 우월하다는 생각은 의기양양하게 위세를 떨칠 수는 있지만 우리뿐 아니라 공동체까지 해치는 거짓 정체성이다.

통제

온라인상이든 아니든 자신이 주도한 대화를 마무리하는 것은 흥분되는 경험이 될 수 있지만 종종 스스로를 사실과 다르게 과장하고 싶은 유혹을 받을 때가 적지 않다. 생각한 것처럼 자신이 똑똑하지 않을 수 있다. 생각한 것처럼 소통을 잘하지 못할 수도 있다. 스스로 생각한 것과 달리 사람들의 존경을 받지 못할 수도 있다. 대화를 주도했지만 실제적인 영향력은 거의 발휘하지 못할지도 모른다. 소셜 미디어상에서 유해한 반응성은 대부분 통제와 관련이 있다. 반박한답시고 터무니없거나 지나친 내용의 게시물을 올린다면 상대방이 스스로나 자신의 입장을 방어하도록 부추기게 된다. 그렇게 상대방을 반박하는 순간 공수 교대가 일어나 내가 공격하는 입장이 되는 것이다. 다른 사람들은 나를 비난하든지 아니면 상대방의 입장을 방어하거나 옹호하는 반응을 보인다. 나는 그들이나 그들이 속한 집단의 약점을 찾느라 혈안이 되고, 이제 게시물은 원래 사안에 대한 내용이 아닌 나에 대한 공방으로 바뀌게 된다. 슬프게도 타락한 우리는 긍정적인 소통, 건강한 공동체, 명성, 타인에 대한 존중, 하나님의 나라, 그분의 의에 파괴적이라 할지라도 통제하는 데서 희열을 느낀다.

<．

은혜롭고 감사하게도 정체성에 대한 광기에 가까운 꺼지지 않는 갈증은 그런 갈증으로 만든 모든 거짓된 정체성과 더불어 복음으로 해결될 수 있다. 복음의 정체성에 관한 구절들을 살펴보자. 복음의 정체성은 소셜 미디어상의 그리스도인들의 대화에서 볼 수 있는 유해한 반응성의 근본 원인인 거짓 정체성의 유혹을 해결할 수 있는 강력한 치료제이다.

　베드로후서 1:3-9는 거짓 정체성 여부를 진단하는 데 중요한 구절이다. 베드로는 주님을 진심으로 알지만 그 인생은 "열매 없는"(1:8) 사람이 있다고 주장한다. 그들의 인생이 신자의 삶에서 기대되는 열매를 맺지 않는다는 뜻이다. 바로 덕, 지식, 절제, 인내, 경건, 형제 우애, 사랑(1:5-8)과 같은 열매들이다. 이제 성경에서 이런 진단적 성격의 구절을 읽게 되면 스스로에게 물어보아야 한다. "이런 일이 왜 벌어지는가? 이 사람들이 게으르며 아무 열매가 없게 된 연유는 무엇인가?" 이 질문의 대답은 다음 절에서 찾을 수 있다. 베드로는 만약 어떤 사람이 효과적이고 생산적인 삶을 살 수 있는 인격적 덕성을 가지고 있지 못하다면 그것은 "맹인이라 멀리 보지 못하고 그의 옛 죄가 깨끗하게 된 것을 잊었"기 때문이라고 말한다(1:9). 베드로는 우리가 그리스도 안에 있는 자신의 신분을 망각한다면 그리스도 안에서 우리에게 주신 것(우리의 인격을 지속적으로 새롭게 할 은혜의 변화시키는 능력)을 추구하지 않게 되고, 은혜로 선포해 주신 변화의 방향과는 반대로 살아가고 관계하며 반응하게 된다고 말한다.

이것이 다가 아니다. 하나님과 수직적 정체성을 제대로 정립하지 못하면 수평적 관계에서 정체성을 확인하려 할 것이며, 그러면 온갖 종류의 거짓된 정체성의 유혹에 취약해질 것이다. 자신의 정체성과 행복의 내적 충일감을 수평적인 관계에서 찾는다면 절대 바라는 것을 얻을 수 없다. 오히려 그로 인하여 개인적, 대인적 관계에서 피해를 입고 더불어 내면과 사람들 간의 관계에서 온갖 종류의 죄악에 노출될 것이다. 성경이 많은 부분을 할애하여 하나님의 자녀가 된다는 것의 의미나 '그리스도 안에' 있는 것의 의미에 대해 설명하면서 우리를 격려하는 이유가 여기에 있다. 그리스도 안에서 우리는 용서를 받았을 뿐 아니라 새로운 정체성을 부여받았다. 이 정체성은 수평적인 정체성 찾기의 광기와 사람들과의 비대면이나 대면 관계에서 종종 유발되는 유해성에서 우리를 보호해 준다.

요한일서 3:1-3은 지극히 유익하고 힘이 되는 정체성 관련 구절이다.

> 보라 아버지께서 어떠한 사랑을 우리에게 베푸사 하나님의 자녀라 일컬음을 받게 하셨는가, 우리가 그러하도다 그러므로 세상이 우리를 알지 못함은 그를 알지 못함이라 사랑하는 자들아 우리가 지금은 하나님의 자녀라 장래에 어떻게 될지는 아직 나타나지 아니하였으나 그가 나타나시면 우리가 그와 같을 줄을 아는 것은 그의 참모습 그대로 볼 것이기 때문이니 주를 향하여 이 소망을 가진 자마다 그의 깨끗하심과 같이 자기를 깨끗하게 하느니라_요일 3:1-3

정체성이 무엇인지 총망라한 듯한 구절이다. 이 말씀은 정체성의 과거와 현재와 미래를 모두 다룬다. 하나님의 자녀로서 우리의 안전은 여기에 있다. 여기에 우리의 정체성이 있다. 여기에 내면의 평안이 있다. 이렇게 해서 끝없이 인정받고 존중받으며 칭찬받고 의견의 동조를 받고자 하는 욕구가 사라진다. 수직적 관계로 해결되어야 하는 것을 수평적 관계에서 해결하고자 광적으로 집착하지 않고 자유를 누릴 수 있다. 소셜 미디어상 그리스도인들의 상호 관계에서도 기승을 부리는 유해한 반응성을 부채질하는 어리석은 정체성 찾기에서 자유할 수 있다. 요한이 한 말을 생각해 보라. 창조주시며 하늘과 땅의 주께서, 지혜와 권능으로 만물을 통치하시는 분께서 우리를 사랑하시며 자기 자녀로 불러 주셨다. 이 사실을 깊이 묵상하라. 이것은 우리가 최악의 상황에서도 여전히 사랑을 받고 있다는 뜻이다. 고립되고 외롭다고 느낄 때도 변함없는 그분의 사랑이 함께한다. 사람들이 당신을 조롱하고 비난한다 하더라도 그분은 당신을 사랑하신다. 인간적인 인정을 받을 길이 완전히 차단된 상태라 하더라도 당신은 사랑받고 있다.

'하나님의 자녀'는 스스로의 노력이나 힘으로는 절대 얻을 수 없고, 얻을 자격도 없는 이름이다. 신적 은혜가 개입할 때에야 우리는 하나님의 자녀라는 이 신분을 누릴 수 있다. 요한이 이 구절에서 말한 것은 미래의 희망에 관한 내용이 아니다. 바로 지금 우리의 정체성을 이야기한 것이며, 그로 인해 당신은 수많은 사람을 사로잡고 있는 공포에 내몰린 정체성 찾기라는 광기에서 은혜로 벗어나게 되었다. 그러나 이것이 다가 아니다. 요한은 세상이 예수님을 이해하거나 인정하지 않았듯이 우리를 이해하거나 인정하지 않을 것이라고 말한다. 당신이 하나님의 자녀라면 가장 근본적인 차원에서 이웃보다는 주님과 더 근본적인 정체성을 공유하고 있는 것이다.

당신은 과거에 사랑을 받았고 현재 놀라운 정체성을 확인받을 뿐 아니라 미래 역시 안전하다. 마지막으로 요한은 계획해야 할 것을 계획하시고, 통제해야 할 모든 것을 통제하시며, 확실하고 강력한 은혜로 우리 마음을 감동시켜 그분의 자녀가 되게 하신 분 안에서 정체성을 확인하며 인격적으로 정결하게 될 수 있다고 선언한다. 그분을 신뢰하고 그분의 자녀로서 자신의 정체성을 의지할 때, 확인할 수 없는 곳에서 정체성을 추구함으로 받는 유혹에서 보호받을 수 있다. 관심, 힘, 인정, 도덕적 우월감, 통제력을 얻기 위해 해서는 안 되는 행동이나 말을 하는 것에서 자유할 수 있다. 스스로 이겨낼 수 있다. 오해를 받고 편견에 시달려도 견딜 수 있다. 거짓 무고를 당하거나 모략을 당하더라도 감당할 수 있다. 질세라 목소리를 내고 대화를 주도하며 언쟁에서 이길 필요가 없다. 누군가를 제압함으로 위력을 과시하려는 마음에서 자유로울 수 있다. 우리는 하나님의 자녀로서 우리 정체성이 지닌 정결하게 하는 힘에 대해 영원히 감사드려야 한다.

그러므로 다음에 노트북을 가지고 자리에 앉거나 패드를 붙들고 앉거나 주머니나 가방에서 폰을 꺼낼 때, 트위터 게시물을 살펴보거나 틱톡을 확인하기 전에 우리를 자녀 삼으신 놀라운 하나님의 은혜로 우리가 어떤 정체성을 갖게 되었는지 되새기는 시간을 가지라. 이미 받은 정체성을 스스로에게 확인시켜 주라. 우리는 이미 하나님의 자녀로서 정체성을 지니고 있으므로 다른 정체성이 필요하지 않다. 우리를 의롭다 하고 용납하고 받아들이고 정체성을 세워 주는 은혜의 복음만이 우리가 귀중히 여기는 너무나 많은 것들을 해치는 유해한 반응성을 촉진하는 정체성 광기에 대한 유일하고 지속적인 치료제임을 확인하라. 자신에게 시편 기자의 고백을 반복해서 말하라. 마침내 영원한 나라에 들어가서 더 이상 말하지 않아도 될 때까지 이것을 고백하고 되뇌라. "내 부모는 나를 버렸으나 여호와는 나를 영접하시리이다"(시 27:10). 이렇게 할 때만, 오직 이렇게 할 때만 정체성이 주는 안전감의 성결하게 하는 힘을 누릴 수 있다.

6
영광

충격적인 자아도취의 순간이었다. 하지만 그 일이 일어난 곳과 그 과정은 훨씬 더 충격적이었다. 그 남자는 기도하러 성전을 찾았지만 그의 입에서 나온 것은 기도가 아니었다(눅 18:9-14). 아마 자신에게 하는 기도라고 불러도 전혀 틀린 말은 아니리라 생각한다. 자신의 의로움에 도취되어 오만하기 짝이 없던 그는 본질적으로 자신은 하나님이 필요 없다고 말하고 있었다. 하나님의 용서하시고 변화시키시며 힘을 덧입혀 주시는 은혜가 필요하지 않았다. 자신은 다른 모든 사람과 전혀 다른 사람이었다. 특별히 저쪽에서 울면서 중얼거리는 세리와는 완전히 다른 고귀한 존재였다(불쌍한 세리 양반). 그는 공적인 종교 지도자였다. 종교적 지식에 정통했고, 율법을 준수했으며, 현재 받는 모든 존경을 받을 만한 자격이 있었다. 그는 하나님의 성전에 있었지만, 그곳은 자신의 독무대였고 자신은 추앙을 받아 마땅한 존재였다. 자신에 대한 자부심이 가득했기에 주변의 거의 모든 사람이 열등한 존재로 보였다. 종교 전문가였지만 종교 생활의 중심에 계시는 하나님과는 스스로 인식하는 것과 달리 멀리 떨어져 있었다. 가장 명확한 종교 행위 중의 하나인 기도를 하면서도 이 사람은 하나님을 사랑할 수도 없고 주변 사람들에게 사랑으로 다가갈 수도 없이 하나님의 영광을 가로채며 그곳에 서 있었다. 영광을 가로채는 그의 유사 종교 행위에 수직적인 면은 거의 없었다. 그가 어떤 종교적, 영적 장식물로 자신을 포장하든지 자아에 도취된 그의 마음에 하나님의 영광을 위한 여지는 조금도 남아있지 않았다.

자기 영광은 참된 종교를 파괴하며 그렇게 함으로 이웃을 내 몸과 같이 사랑할 수 있는 능력을 고사시킨다. 오직 하나님을 사랑하는 사람만이 이웃을 자기 몸처럼 사랑할 수 있다. 이웃에 대한 사랑이 없는 반응성의 여러 양태는 훨씬 더 비극적인 문제를 드러낸다. 하나님을 향한 참된 사랑이 없다는 것이다. 이런 식으로 소셜 미디어의 자칭 그리스도인들이라고 하는 이들의 대화에서 너무나 많은 자기 영광이 나타난다는 것은 현대 복음주의 교회 문화의 중심에 자리한 핵심 가치의 결핍을 드러낸다. 우리 중 많은 이들이 영광에 집착하지만 그것은 하나님의 영광이 아니다. 우리는 우리의 신학적 지식, 성경적 문해력, 정치적 보수주의, 사회 행동, 사역의 성공, 팔로워 숫자, 우리 집단의 우수함, 의사소통 능력의 힘이라는 영광에 대한 자의식으로 가득한 것 같다. 또한 우리가 가진 것을 못 가진 사람들과 다르다는 것에 감사해한다. 우리는 의로우며 전문가로서 무엇이 최상인지 알고 있다. 이런 식의 자기 영광은 항상 겸손과 감사와 사랑으로 나타나는 하나님의 영광을 보지 못하게 우리 눈을 가릴 것이다.

소셜 미디어뿐 아니라 일상적 삶의 사회적 풍경 대부분을 뒤덮고 있는 유해한 반응성의 문화는 무엇보다 수평적인 문제가 아니다. 이웃에게 사랑으로 반응하는 문제도 아니다. 더 심층적인 차원에서 모든 죄인의 마음 가운데 자아의 영광과 하나님의 영광을 두고 벌어지는 전쟁이다. 실제적이고 지속적인 변화가 이루어지기 위해서 유해한 반응성에 대한 우리의 싸움은 바로 이 부분을 겨냥해야 한다. 이 거대한 영적 전쟁은 신적 구원에 대한 우리의 필요가 얼마나 절박한가를 드러낸다. 여러 면에서 예수 그리스도의 복음은 정확히 바로 이 문제를 다룬다. 성경의 지배적 주제인 복음의 내러티브는 인간의 문제가 무엇이며 세상에서 그 문제를 해결하는 방법은 무엇인지 보여 준다. 소셜 미디어에서 준수해야 하는 규칙들은 유용하지만 우리가 매일 접하는 유해성을 유발하는 근본 원인을 해결할 힘이 부족하다. 우리에게는 마음의 문제가 있으며 이 문제는 수평적 규제로는 해결할 수 없다.

유해한 반응성의 불에 기름을 끼얹었으며 문화와 공동체와 교회에 극도로 파괴적으로 작용하는 자기 영광의 문제는 소셜 미디어에서 시작된 것이 아니다. 소셜 미디어는 오랫동안 존재했던 어둠의 세력이 스스로를 드러내도록 거대한 영향력을 미치는 플랫폼이다. 다시 말해서 소셜 미디어는 개인적으로나 관계적으로 파괴적인 반응을 하게 한 근본 원인이 아니다. 하지만 소셜 미디어가 만들어진 방식이나 플랫폼이 작동하는 방식, 알고리즘이 작동하는 방식 때문에 오래된 영적 약점이 위력을 발휘하게 된다. 슬프게도 이 약점은 죄가 완전히 사라지지 않는 이상 모든 인간에게 영향을 미칠 수밖에 없다. 이제 복음이 자기 영광의 문제와 그로 인한 모든 관계적 유해성을 어떻게 알리고 해결책을 제안하는지 설명하고자 한다.

인터넷, 컴퓨터, 텔레비전, 라디오가 발명되기 전으로 가 보자. 심지어 인쇄술이 발명되기 전의 먼 과거로 거슬러 올라가 보자. 아직 세상이 심각하리만큼 복잡해지기 전, 매우 단순한 세상에서 기록된 최초의 인간 대화를 살펴보자(창 3장). 창세기 1장과 2장의 세계는 놀라울 정도로 단순했다. 모든 것이 완벽하게 창조되었고 설계된 그대로 완벽하게 자기 자리를 지키며 원래 의도된 대로 정확히 항상 제 기능을 다했다. 지극히 평화롭고 모든 것이 조화로운 단순한 세상이었고 어떤 역기능이나 독설, 망가짐, 유해함도 찾아볼 수 없었다. 이 책을 집필하면서 내 마음에는 창세기 1장이나 2장과 같은 세상에서 살고 싶다는 갈망이 더욱 간절해졌다.

그러나 이 세상은 오래 가지 않았다. 아담과 하와는 하나님의 거룩하고 지혜로우신 사랑의 경계를 어기기로 결정했다. 그들의 불순종은 자기 영광에 뿌리를 둔 죄악이었다. 아담과 하와의 마음이 흔들린 것은 금지된 과실을 먹으면 하나님과 같이 될 수 있다는 솔깃한 거짓말 때문이었다. 죄는 항상 영광을 훔치는 데서 시작된다. 그렇게 아담과 하와의 범죄로 세상에 영광 찬탈 전쟁이 시작되었다. 따라서 이 전쟁은 어떤 식으로든 하나님의 영광을 위한 우리의 충성심을 포기하고 자기의 영광을 위해 살게 만든다. 그러나 영광의 도적질은 단순히 수직적인 영향에만 국한되지 않는다. 수평적으로도 파괴적인 결과를 미친다. 아담과 하와는 단지 하나님에 대한 죄책감과 수치심을 느끼며 하나님을 피해 숨은 것으로 그치지 않았다. 서로 간에도 수치심을 느끼고 서로를 비난하였다. 자기 영광의 파괴적인 결과는 단순히 아담과 하와에게서 끝나지 않고 그들의 자손들에게로 이어졌다. 하나님이 동생의 제사만 받고 자신의 제사는 거부하시자 가인은 질투심에 사로잡혀 분을 이기지 못하고 자기 형제를 살해하고 말았다. 질투와 시기심은 다른 사람의 성공이나 복을 축복하지 못하는 무능력 상태로서 자기 영광이 그 원인이다. 아담과 하와의 영광 절도죄는 너무나 급속하고 심각하게 관계적 유해성을 낳는다.

소셜 미디어상에서 자행되는 끔찍한 조롱들, 누군가를 완벽하게 짓밟으려는 온갖 시도, 점점 더 많은 사람들이 누군가를 매장하는 데 혈안이 되는 참담한 사태, 동기와 인격에 대한 근거도 없는 온갖 비난, 모든 허수아비 논법, 다른 집단에 대한 무차별적 공격은 자기 영광에 뿌리를 두고 있다. 이런 모든 모습은 권력을 차지하고 인정받으며 어떻게 해서라도 더 똑똑하고 의롭고자 하기 때문에 나온다. 이런 반응들은 서로가 아니라 하나님이 받으셔야 하는 집중적인 관심을 훔치는 행위이다. 하나님께 영광을 돌리고자 하는 결심에서 나오는 행동이 아니며 오히려 자기를 돋보이게 하고자 요란하게 관심을 유도하는 행위이다. 자기 영광은 결코 오래 참는 사랑, 용서하는 은혜, 겸허한 존중, 깊은 경청, 관계 속에서 상대방의 명성을 지켜주기 위한 노력으로 연결되지 않는다. 자기 영광을 구하는 사람은 결코 더 온유하며 자비롭고 양순한 사람이 될 수 없다. 자기 영광은 진리를 무기로 바꾸고 남을 해치는 데 언어와 말을 사용한다. 그리스도 안에서 모든 형제자매들이 하나님의 영광을 위해 소셜 미디어에서 반응하거나 대면 관계를 이룬다면 이런 관계들을 오염시키는 유해한 반응성은 더 이상 설 자리가 없어질 것이다.

건강한 인간 실존을 위해 반드시 필요한 공동체에 너무나 파괴적인 유해한 반응성은 자기 영광에 뿌리를 두고 있으므로 자기 영광이 어떤 식으로 작동하는지 확인하기 위해 성경의 자기 영광에 관한 이야기를 살펴볼 필요가 있다. 다니엘서의 느부갓네살 이야기처럼 자기 영광의 작동 방식을 이해하는 데 적합한 것은 없는 것 같다. 느부갓네살은 바벨론의 왕이었고 위대한 전사이자 유다 왕국을 정복한 왕이었다. 그러나 온 세상을 정복하고 제국의 권세를 누림에도 불구하고 그는 자기 영광에 광적으로 집착하여 스스로 신으로 숭배받고자 했다. 하나님은 곧 그를 권좌에서 끌어내리기로 작정하셨고 이 일을 착수하시기 전에 혼란스럽고 도무지 이해할 수 없는 꿈으로 그에게 경고를 주셨다. 다니엘은 왕의 꿈을 해몽해야 할 임무를 받았는데, 바로 이 해몽과 그 해몽에 대한 느부갓네살의 반응에서 자기 영광이 어떻게 작동하는지 볼 수 있다. 하나님은 다니엘을 통해 느부갓네살에게 이렇게 타이르셨다. "그런즉 왕이여 내가 아뢰는 것을 받으시고 공의를 행함으로 죄를 사하고 가난한 자를 긍휼히 여김으로 죄악을 사하소서 그리하시면 왕의 평안함이 혹시 장구하리이다 하니라"(단 4:27). 이 절을 읽을 때 알아차렸는지 모르지만, 다니엘은 두 가지 대계명의 수직적이고 수평적 요건을 언급한다. 다니엘은 느부갓네살에게 왕의 생애와 통치가 하나님의 계명과 정확히 반대로 진행되어 왔으므로 이 말씀대로 행하라고 권면한다. 자신의 영광을 구하는 사람은 절대 이 두 대계명에 순종할 수 없다. 자신의 영광을 위해 살고 있다면 하나님 보시기에 옳은 일을 함으로써 우선적으로 하나님을 사랑하지 않을 것이며, 필요할 때마다 자비를 베풀고자 힘쓰며 이웃을 내 몸과 같이 사랑하지 않을 것이다. 자기 영광은 내 마음대로 한다는 뜻이며 실제로 다른 사람의 어려움은 전혀 개의치 않는다는 말이다.

그러나 이것이 끝이 아니었다. 이런 권면을 받고 12개월 뒤 느부갓네살은 궁전의 발코니에 있었다. 여담이지만 그의 이런 모습이 주님의 오래 참으시는 은혜의 놀라운 그림으로 내게 다가왔다는 말을 덧붙이고 싶다. 주님은 회개할지 말지 결정하도록 왕에게 12개월의 말미를 주셨다. 12개월이라니! 당신이 부모라면 자녀에게 "네 방은 깨끗할 때가 없구나. 깨끗하게 정리했으면 좋겠어. 정리할 시간을 12개월 줄게"라고 말하는 모습을 상상이나 하겠는가? 느부갓네살에 대한 하나님의 인내심은 우리 모두에게 격려로 다가와야 마땅하다. 그러나 느부갓네살이 그의 왕국을 내려다보며 한 말을 들어보라. "나 왕이 말하여 이르되 이 큰 바벨론은 내가 능력과 권세로 건설하여 나의 도성으로 삼고 이것으로 내 위엄의 영광을 나타낸 것이 아니냐 하였더니"(단 4:30). 자기 영광은 스스로의 힘으로 이루지 못했을 일을 자신의 공으로 가로챈다. 왕의 모든 권세와 군사적 위업, 육신적 강건함, 성공, 심지어 그의 생명과 호흡조차 주님이 주신 것이었다. 하지만 느부갓네살에게 그것은 모두 한 가지, 즉 자기 영광이라는 기념비를 세우는 재료일 뿐이었다.

자기 영광은 이런 식으로 작동한다. 내가 어떤 일을 하더라도 내 마음에 든다는 것이 중요할 뿐 어떤 의미 있는 대의나 명분도 필요 없다. 나를 사랑하는 데 정신이 팔려서 남을 사랑할 시간과 에너지가 별로 없다. 혼자 힘으로는 절대 이룰 수 없었을 일임에도 내 개인의 공으로 돌린다. 자기 영광이 트위터, 틱톡, 페이스북, 인스타그램과 만날 때 이 세 가지가 어떻게 작동하는지 생각해 보라. 내 마음에 들면 무슨 내용이든 소셜 미디어에 게시한다. 내가 올린 글이나 사진이 사람들에게 어떤 영향을 미칠지 민감하게 살피지 않는다. 내가 아는 지식이나 이룬 일들과 신분 때문에, 혹은 어쩌면 단순히 나를 따르는 팔로워들의 숫자 때문에 자격이 있다고 생각하며 소셜 미디어를 이용한다. 아무리 오만하고 터무니없고 남에게 상처가 되는 내용이라도 내 영광을 추구하는 데 심취해 있으므로 가장 많은 '좋아요'를 받기 위해 그 내용을 공개한다. 누군가를 조롱하거나 폄하하는 내용이라도 내 마음에 든다면 게시한다. 누군가를 깎아내림으로 즐거움을 얻을 수 있다면 무차별적으로 게시한다. 다른 사람에게 유익한 내용 따위는 안중에 없다. 혹시 남을 배려한 듯 보이더라도 내 마음을 사로잡고 있는 동기와 충동이 자기 영광이기 때문에 모든 게시물은 내가 중심이다. 그리고 이런 태도는 나의 반응에 불가피한 영향력을 미칠 것이다.

트위터에서 벌어지는 수많은 신학적 전투들은 올바른 신학에 대한 애정이 아니라 자기 영광이라는 동기가 우선적으로 작용한다고 나는 확신한다. 하나님 말씀의 진리가 우리 마음을 지배한다면 절대 그렇게 끔찍한 조롱이나 분노에 찬 비방, 다른 사람의 동기를 거침없이 재단하고 인격을 공격하는 짓은 하지 않을 것이다. 말로 누군가를 해치는 것은 올바른 신학의 표현이 아니다. 사랑으로 표현되지 않는 신학은 완전히 잘못된 것이며 하나님의 영광을 더럽히는 비성경적 신학이다. 소셜 미디어상에서 진리의 수호자가 되고자 욕망을 불태운다면 하나님의 영광이나 명예나 그분의 위대한 진리가 아니라 자기 영광이 강력한 동기로 작용하는 것이다. 자기 영광은 종종 진리를 위한 싸움으로 위장을 한다. 만약 언쟁에서 쾌감을 누리고 상대방을 제압하는 데 희열을 느낀다면 하나님의 영광을 위해서 한 것이 아닐 것이다. 하나님은 노하기를 더디 하시며 사랑에 풍성하신 분이기 때문이다. 온유함, 긍휼함, 오래 참음, 사랑이 당신에게 약점처럼 보인다면 하나님의 영광을 당신의 행동과 반응의 기준으로 삼고 있지 않기 때문이다. 소셜 미디어상에 나타나는 그리스도인들의 유해한 반응성(종종 다른 그리스도인들을 향한)은 자아의 왕국이 하나님의 왕국으로 위장하고 있다는 지속적인 경고라고 생각한다. 부디 겸허하게 자신을 낮추고 마음을 살피기를 바란다. 우리가 무슨 내용을 게시하더라도 결국 우리가 섬기는 것은 하나님이 아닐 것이다.

유해성의 해결책

우리 마음에서 자주 벌어지는 영광 찬탈 전쟁에 대한 유일한 해결책과 이 해결책으로 우리 삶에 맺힐 아름다운 열매에 대해 알려 주는 한 구절을 살펴보는 것으로 이 장을 마무리하고자 한다. 이 구절은 이 책이 집중적으로 다루는 유해한 반응성의 해결책을 새로운 소셜 미디어 규제나 플랫폼 사용을 제안하는 식의 방법(아마 매우 좋은 생각일 것이다)이 아닌, 더 심층적이고 근본적인 데서 찾아야 함을 알려 주고 있다. 많은 분쟁과 해악의 근원이 된 이 놀랍고 강력한 의사소통 플랫폼이 탄생하기 수천 년 전에 쓰인 시편 112편은 아주 시의적절한 주제를 담고 있다.

> 할렐루야, 여호와를 경외하며
> 그의 계명을 크게 즐거워하는 자는 복이 있도다
> 정직한 자들에게는 흑암 중에 빛이 일어나나니
> 그는 자비롭고 긍휼이 많으며 의로운 이로다
> 은혜를 베풀며 꾸어 주는 자는 잘 되나니
> 그 일을 정의로 행하리로다
> 그는 영원히 흔들리지 아니함이여
> 의인은 영원히 기억되리로다

그는 흉한 소문을 두려워하지 아니함이여

여호와를 의뢰하고 그의 마음을 굳게 정하였도다

_시 112:1, 4-7

먼저, 시편 112편은 교회의 대화에 대부분을 차지하며 대화를 왜곡하는 유해한 반응성의 광기에 대한 유일한 지속적인 해결책을 신자들에게 제시한다. 바로 여호와를 경외하는 것이다. 시편 기자가 여기서 말하는 것은 주를 피해 숨는 공포심이 아니라, 그분의 권능과 영광을 경외감으로 인정하며 그에게 달려가 그 안에서 안식하고 나를 향한 그분의 뜻에 기꺼이 복종하는 것을 말한다. 이런 경외감만이 매일 너무나 치명적인 영향을 미치는 유해성의 역겨운 악취를 만들어내는 모든 두려움과 동기를 진정시킬 수 있다. 여호와를 경외하는 마음으로 충만할 때 다른 사람들이 나에 대해 어떻게 생각하는지, 내 말을 어떻게 받아들일지 걱정하지 않게 되고, 내 마음을 사로잡을 수 있는 수천 가지 다른 후회를 두려워하지 않게 된다. 하나님과 그분의 권능과 영광과 은혜를 경외하는 마음으로 살아갈 때, 형용할 수 없는 놀라운 영광으로 내가 그분의 가족의 일원이 될 것이라는 사실에 감격할 때 나 자신의 영광에 연연해하지 않을 것이다. 하나님의 영광을 위해 살아간다면 권력, 갈채, 지배욕, 인정, 도덕적 우월감에 대한 모든 욕망을 동반한 자기 영광은 설 자리를 잃을 것이다.

    이어서 시편 112편은 여호와를 두려워하는 마음으로 살아가는 사람의 인생에는 놀라운 열매가 맺힐 것이라고 자세히 소개한다. 여호와를 두려워하는 사람은 "자비롭고 긍휼이 많으며 의로운"(112:4) 사람이 될 것이다. 이런 세 가지 자질이 우리가 올리는 모든 게시물과 나누는 모든 대화에 드러난다고 생각해 보라. 모든 그리스도인이 인터넷에 올리는 모든 반응이 자비롭고 긍휼이 많으며 의롭다고 생각해 보라. 그것이 매일 우리가 가로질러 가는 미디어 풍경에 어떤 영향을 미칠지 생각해 보라. 여호와를 두려워하는 사람은 무례하거나 화를 내지 않고 앙갚음하지도 않으며, 대신 관대하고 공의롭게 자기 일을 행한다. 정의는 더 강한 악으로 대처하는 식으로 악을 다루지 않는다. 관대함은 단순히 금전적인 부분에서뿐만 아니라 의사소통을 비롯한 삶의 모든 영역에서 베풀고 섬기는 태도를 포함한다. 관대한 사람들은 주의 깊게 경청하며 최대한 상대방의 사정을 헤아리고 성급히 판단하지 않으며 상대방의 최선을 생각하려고 노력한다. 관대한 사람들은 인내심과 사랑과 연민과 이해와 은혜에 인색하게 굴지 않는다. 관대한 사람들은 말을 무기로 사용하지 않는다. 짐을 덜어 주고 용기를 북돋워 주며 명확하게 해명하고 가르치며 위로하고 세우기 위한 은사로 말을 사용한다.

    마지막으로 이 시편은 여호와를 경외하는 마음이 가득할

때 부정적인 소식을 두려워하지 않는다고 말한다. 다음 공격을 두려워하지 않고, 다시 사람들의 오해를 사거나 인격이나 자격 요건을 의심받지 않을까 두려워하며 살지 않는다. 여호와를 경외하면 늘 나를 공격할 또 다른 적은 없는지 두리번거리며 두려워하지 않게 된다. 여호와를 경외한다는 것은 사람들에 대한 반응이 아니라, 주님의 주 되심과 그분이 하셨고 또한 지금 하고 계신 사역에서 안전감과 평화를 얻는다는 말이다. 그러므로 나는 시편 기자가 이 안정감과 안식에 대해 어떻게 말하는지 곰곰이 묵상하며 음미한다. 그는 "그의 마음을 굳게 정하였도다"(시 112:7)라고 말한다. 오직 여호와를 경외함으로 얻는 결실인 마음의 견고함은 현대의 소통 문화에서 너무나 파괴적인 영향을 미치는 유해한 광기에 휩쓸리지 않도록 우리를 지켜줄 것이다. 나는 많은 신자들이 마음의 불안에 시달릴까 두렵다. 그들은 주님의 찬란한 영광에 대한 경이감으로 가득할 때 얻는 견고한 안식과 안정감, 평화를 누리지 못한다. 마음이 불안하고 흔들릴 때, 우리는 알든 모르든 오직 수직적인 관계에서만 얻을 수 있는 마음과 생각의 안정감을 수평적인 관계에서 찾게 된다. 그 결과 사람들의 인정과 존경, 힘, 통제력을 갈구하게 되며, 이 목록은 끝이 없다. 이런 것들을 갈구하는 이유는 그것을 통해 잠시라도 안전하다는 느낌을 얻기 위해서지만, 그 느낌은 결코 지속적이지 않다. '이건 꼭 가져야겠어'라는 마음에 휩쓸려 사람들의 말을 제대로 경청하지 못하고 온전히 사랑하지 못한다. 모든 사람이 늘 필요로 하는 은혜를 베풀지 못한다. 스스로 정의를 대변한다고 생각하지만, 실상 스스로 받을 자격이 있다고 생각하거나 원하는 것을 요구하고 있다. 이 모든 것은 안식을 누리지 못하는 마음에서 생긴 것이다. 쉼을 누리지 못하면 자비롭고 긍휼이 많으며 의로운 삶을 살 수 없다.

시편 112편은 비록 고대의 시이지만 본질을 정확히 지적하고 있다. 이 책이 강조하는 중요한 주제를 언급하는데, 그리스도의 몸의 외부에서든 내부에서든 소통의 문화를 왜곡하고 훼손하는 유해한 반응성의 근본 원인을 드러내고 유일한 지속적 해결책을 밝혀 준다. 우리는 신자일 수 있고 수준 높은 신학적 이해와 성경적 지식을 소유할 수도 있다. 주님과 한때 깊은 교감을 누렸을 수도 있다. 사역자로 섬긴 경험이 있을 수도 있다. 그러나 이 질문에 솔직하게 대답해 주었으면 좋겠다. 아직도 여전히 자기 영광에 심취하고 있는가? 노력해서 얻은 배지처럼 신학적 지식을 자랑스럽게 과시할 때는 없는가? 이런 지식을 누군가를 섬기는 은사가 아니라 무기로 사용하는 때는 없는가? 자신보다 지식이 부족하거나 식견이 부족한 사람을 무시하지는 않는가? 언쟁을 벌일 기회를 노리거나 누군가의 싸움에 성급하게 끼어들지는 않는가? 고압적이고 으스대며 지나치게 비판적이지 않는가? 언쟁을 벌일 때 상대방의 말을 귀담아 듣는 편인가? 긍휼이 많은가? 예의 바르고 정중하게 그들을 대하는가? 자신이 틀렸을 때나 누군가를 부당하게 대했을 때 바로 인정하는가? 절제되고 신중하며 상대방에게 유익한 말을 하려고 하는가? 실제로 하나님의 영광과 그분의 진리를 변호하는 것이 아니라 자신의 영광을 옹호하거나 보호하고 있지는 않는가?

개인적으로 나는 절대 자기 영광을 위해 행동하는 때가 없다고 말하고 싶지만 그것은 사실이 아니다. 여호와를 경외하는 마음이 항상 다른 어떤 두려움보다 내 마음에 더 강력한 영향을 미친다고 말할 수 있었으면 좋겠지만 사실이 아니다. 그러므로 내가 매일 아침 시도하고 있는 일을 함께하도록 여러분을 초청하고 싶다. 바쁜 하루를 시작하기 전에 잠시 마음의 눈을 주님의 빛나는 영광과 그분의 은혜의 경이로운 영광에 맞추라는 것이다. 매일 아침 자기의 영광이 거룩한 영광의 구속하시는 열기에 녹아 버리게 하라. 그분의 영광스러운 아름다움의 광채를 만끽하며 하루 동안 당신 자신에게서 구해 주시도록 주님께 간청하라. 그런 다음 일어나서 온라인이든 대면으로든 대화를 할 때마다 그분의 영광을 높이고자 노력하겠다고 결심하라. 그리고 자비롭고 긍휼이 많으며 의롭고 관대한 모습을 실천할 기회를 찾으라. 예수님은 이런 일들이 우리에게 일어날 수 있도록 사시고 죽으시며 부활하셨다. 우리 모두 늘 하나님의 영광을 생각하고 말하며 게시물을 올릴 수 있기를 기도한다. 그분의 은혜가 이 일을 이루어 주실 것이다.

7

영원

알아차렸는지 모르지만 성경에서는 스포일러 금지와 같은 경고문을 찾아볼 수 없다. 하나님은 모든 일의 마지막 장, 만물의 마지막 종말, 그리고 그 뒤에 올 영원을 이야기를 통해 시종일관 우리에게 밝혀 주셨다. 이렇게 하시는 이유는 우리가 영원에 비추어 우리에게 주신 놀라운 계시의 전체 내용을 해석하도록 하시기 위해서이다. 또한 영원을 바라보며 일상생활의 상황, 위치, 관계 속에서 삶의 자세를 가다듬도록 하기 위해서이다. 하나님은 우리가 종말론적 삶을 살기를 원하시며 이런 삶을 살지 못할 때 불행한 일이 일어난다. 이 순간이 우리가 확신할 수 있는 유일한 순간이라는 생각에 빠지면 절대 창조 본연의 삶을 살아갈 수 없다. 그래서 하나님은 그분의 선하신 은혜와 실천적인 지혜로 영원을 내다보며 영원에 귀 기울이도록 우리를 초청하신다.

이 영원을 바라보는 삶은 너무나 많은 대화를 왜곡하고 너무나 많은 인생을 해치며 교회의 증언을 망치는 유해한 반응성을 이해하고 이에 맞서 우리를 제대로 지키도록 돕는 복음의 또 다른 방식이다. 나는 기독교 공동체 밖에서뿐 아니라 기독교 공동체 내에서도 매일 우리가 맞서 싸워야 하는 반응성이 대부분 '영원 기억상실증'이라는 미묘하지만 광범위한 전염병의 결과라는 결론을 내리게 되었다. 물론 모든 신자는 자신의 신앙고백의 일부로 영원에 대한 교리를 믿는다. 모든 그리스도인은 영생을 믿지만 실제로 영원을 생각하며 살아가는 사람은 그렇게 많지 않다. 이렇게 영원을 생각하며 살아갈 때 인생의 모든 일에 반응하는 방식도 변화될 수 있다는 사실을 이해하는 사람도 많지 않다. 하나님이 우리에게 마지막 장을 보여 주시는 것은 단순히 우리가 준비되도록 하기 위해서일 뿐 아니라, 바로 지금 여기서 어떻게 살아야 하는지 알도록 하기 위해서이다. 그러므로 영원의 렌즈로 반응성의 문화를 살펴보도록 하자.

선생으로서 영원

영원에 대한 성경의 가르침이 담당하는 가장 일차적이고 기본적인 역할은 우리 인생을 이해할 수 있는 해석학적 도구를 제공하는 것이다. 나는 모든 인간이 해석가라는 사실을 강조하는 글을 쓰고 강의를 해왔다. 우리는 모두 우리 경험의 사실들뿐 아니라 사실에 대한 우리의 특정한 해석에 기초해 살아가고 행동하며 반응한다. 해석학은 해석에 관한 학문이며, 하나님 말씀의 진리에 기초해 인생을 쌓아가는 그리스도인들에게 영원은 매우 중요한 해석학적 도구이다. 영원의 진리는 성경이 단순히 읽고 이해하며 믿고 방어해야 하는 진리들의 조합 이상이라는 사실을 깨닫게 해준다. 성경은 내러티브이다. 다시 말해서 궁극의 거대한 이야기이다. 성경은 주인공인 전능하신 하나님이 있으며 줄거리가 있고 도무지 필설로 다 표현하기 어려운 영광스러운 결론이 있다.

성경을 믿는 신자로 산다는 것은 단순히 교리를 정확히 이해하고, 그 교리를 재구축하거나 부정하려고 하는 이들을 찾아내는 수준을 의미하지 않는다. 성경을 믿는 신자로 산다는 것은 구속의 더 거대한 이야기에 각자의 이야기를 보탠다는 의미이다. 하나님의 자녀라면 은혜로 그분의 이야기가 우리의 이야기가 된다. 그분의 현존하심과 권능은 우리의 희망이 된다. 그 이야기는 당신의 이야기와 같은 방향으로 흘러가고 마지막 최후의 승리 역시 우리의 승리가 된다. 성경은 하나님의 이야기에 포함되는 삶을 어떻게 살 수 있는지 알려주는 조언으로 가득하다. 우리는 미래에 이루어질 영광의 약속과 그 영광의 실제적 실현 사이의 미완성 상태에 살고 있다. 영원은 하나님이 만물을 다시 새롭게 하실 것이므로 소망을 가질 수 있다는 놀라운 진리로 우리를 위로한다. 그러므로 우리는 공포에 시달리며 살 필요가 없다. 정의의 원수들이 결국 이기게 되는 것은 아닐까 두려워할 필요가 없다. 주변 문화의 불안정한 사고방식의 급격히 출렁거리는 롤러코스터를 탈 필요가 없다. 정치 지도자들이 우리가 찾는 희망을 선사하며 안정으로 인도해 줄 것이라고 믿으면서 정치 자경단이 될 필요가 없다. 사람들이 나를 어떻게 생각할지 두려워할 필요가 없으며 우리를 오해하거나 공격적으로 우리에게 반응할까 두려워할 필요가 없다. 우리는 우리가 누구인지 알고 있으며 어디에 소속되도록 은혜를 받았는지 알고 있다. 하나님이 우리를 어디로 인도하시는지 그리고 그 모든 일의 결말이 무엇인지 알고 있다. 우리는 멈출 수 없는 은혜의 서사 중심에 있으며 괜찮을 것이다.

기독교 공동체와 우리의 소셜 미디어의 대화 속에 횡행하는 두려움과 불안으로 범벅된 방어적이고 분노에 찬 반응이 대부분 하나님의 이야기를 망각한 결과일 가능성은 없는가? 하나님의 이야기에 대한 감각을 잃어버리지는 않았는가? 기록된 가장 귀중한 이야기, 죽은 자들을 살릴 수 있는 유일한 이야기를 다툼과 논쟁의 대상인 일련의 진실로 격하시키지는 않았는가? 참되고 영원한 소망, 안정감, 정체성, 안식을 얻을 수 있는 곳에 대한 성경 이야기를 외면하고 있지는 않는가? 내가 멘토로 섬기고 있는 목회자들은 그들의 교인들 가운데 횡행하는 분노에 찬 반응성이 두려움 때문이라는 사실을 계속해서 이야기해 주었다. 우리의 자유를 빼앗기면 어떻게 되는가? 이 지도자가 이기지 못하면 어떻게 되는가? 교회 목사님이 정치적으로 보수적이라면 어떻게 하나? 성gender에 대한 이 관점이 이긴다면 어떻게 되는가? 이런 음모론이 사실이라면 어떻게 하나? 나는 우리의 대화, 관계, 사역, 증언을 방해하고 타락하게 하는 유해성의 상당 부분은 하나님의 이야기에 대한 기억상실증이 원인이며, 이 기억상실의 결과는 두려움이라는 확신에 이르게 되었다.

두려워하는 사람들은 많은 부담감을 안고 방어적인 태세로 가족 모임이나 교회, 선거, 소셜 미디어를 대한다. 우리는 두려움에 빠져 언제라도 반응할 준비가 되어 있다. 누구도 멈출 수 없고 멈추지도 않을 하나님이 제정해 주신 움직임에 합류했다는 사실을 망각해 버린 것 같다. 하나님은 승리하실 것이고 그분의 자녀들은 그분과 함께 그 승리를 축하하며 전리품을 나눌 것이다.

영원과 가치

다가올 영원에 대한 성경적 진리는 하나님의 위대한 이야기 가운데 고통을 이해하고 그 안에서 살아갈 수 있는 방법을 제공할 뿐만 아니라, 우리에게 매우 필요한 가치에 대한 명확한 설명도 해준다. 나는 마태복음 6장에 기록된 예수님의 가르침을 틈나는 대로 반복해 살펴보곤 한다. 이 가르침은 전체 성경에서 가장 중요한 가치를 담은 구절 중 하나이다. 여기서 그리스도께서는 도발적인 언어들을 사용해 우리 마음을 지배하는 가치들에 대해 말씀하시고, 이런 가치들을 보물이라고 부르신다(마 6:19). 보물이라는 이 단어는 금과 보석을 담는 함을 연상시킨다. 보물은 우리 마음에서 중요하게 생각하는 것으로, 우리 생각과 욕망과 행동에 지배적인 영향을 미친다. 예수님은 우리가 모두 보물을 가지려고 한다는 사실, 다시 말해 어떤 보물을 얻기 위해 살고 있다는 사실을 우리에게 일깨워 주신다. 그러나 이 단어는 우리를 다른 무엇인가와 대면하도록 이끈다. 우리가 귀중하게 여기고 결국 우리를 지배하게 되는 보물은 대부분 내재적 가치를 지닌 것이 아니라 외부에서 가치가 부여된 것이다. 20달러 지폐를 생각해 보라. 이 20달러는 20달러 가치에 해당하는 잉크나 종이 때문에 이 가치를 지니지 않는다. 지폐 자체는 내재적 가치를 지니지 않지만 미재무부에서 부여한 가치를 지닌다. 그래서 우리는 식품점에서 20달러 지폐를 내고 20달러에 해당하는 식료품을 살 수 있다.

그리스도께서는 우리가 보물을 소유할 것이며 그 보물이 우리 마음을 지배하게 될 것이고 그로 인해 우리 말과 행동을 지배하게 될 것이라고 경고하셨다. 그러나 그분은 또한 우리가 보물이라고 생각하는 많은 것들은 본질적이고 영원한 참된 가치가 결여되어 있으므로 결국 그렇게 귀중한 것이 아니라는 사실을 일깨워 주신다. 바로 이런 면에서 영원에 귀를 기울이는 것은 가치를 명확히 하는 데 큰 도움이 된다. 천국에 있는 성도들의 축하와 찬양을 귀 기울여 들을 때 그들이 어떤 내용을 기념하는지 주의 깊게 살펴보는 것이 중요하다. 영원한 축하와 찬양의 불변하는 주제는 하나님이다. 그분의 권능의 놀라움, 그분의 최후 승리, 그분의 아낌없이 주시는 은혜가 주제이다. 영원한 천국에서는 그 누구도 집이 얼마나 큰지, 직장에서 얼마나 성공했는지, 얼마나 돈이 많은지 자랑하거나 축하하지 않을 것이다. 얼마나 많은 논쟁에서 이겼는지, 자기 집단이 얼마나 영향력이 큰지, 얼마나 많은 팔로워를 거느렸는지, 중요한 리더들을 얼마나 제압했는지, 정치적 운동을 어떻게 이겼는지 혹은 개인적 권리가 침해받을 때 얼마나 성공적으로 방어했는지를 자랑하는 사람은 아무도 없을 것이다. 단 한 사람도 말이다.

우리가 옳다는 것을 증명하는 것이 올바로 생활하고 반응하는 것보다 우리에게 더 중요할 수 있는가? 정치적 운동이 우리에게 그렇게 중요할 수 있는가? 우리 마음을 지배하는 보물이 될 정도로 신학적으로 항상 옳음을 증명하여야 하는가? 사랑하는 것보다 이기는 것이 더 중요하고, 지배하는 것이 섬기는 것보다 더 중요하며, 격려하는 것보다 판단이 더 중요할 수 있는가? 예수님은 마태복음 6장에서 진정으로 중요한 것이 무엇인지 말씀해 주신다. 바로 그의 나라와 그의 의이다. 진정으로 살아갈 가치가 있고 싸워야 할 가치가 있는 것을 마음의 보물로 삼을 수는 없는가? 마태복음 6장의 경고와 계시록의 가치를 따라 살아간다면 교회와 소셜 미디어상의 그리스도인들의 대화에서 횡행하는 두렵고 유해한 반응성이 대부분 사라지지 않겠는가? 문자나 이메일을 보내고 말로 하거나 온라인에 게시하는 모든 내용은 우리 마음이 진정으로 중시하는 가치를 보여 준다. 이것이 사실이라면 우리 교회와 인터넷에는 진정으로 가치 있고, 진정으로 마음을 쏟을 가치가 있으며, 인생을 걸 가치가 있는 이야기의 줄거리를 우리가 잃어버렸음을 보여 주는 매일의 증거가 있다고 고백해야 한다.

영원과 안식

영원이 우리에게 선사하는 한 가지가 더 있다. 바로 변치 않는 영적 안식이다. 유해한 반응성은 절대 안식을 누리는 마음에서는 보이지 않는다. 절대 그럴 수 없다. 마음의 안식은 우리 운명이 절대적으로 확고하다는 사실을 온전히 신뢰할 때 얻는다. 이 미래의 은총을 보장받는다면 또한 현재의 은혜도 보장받을 수 있다. 현재의 은혜가 없다면 그리스도 안에서 누리는 미래의 은혜를 받을 수도 없다. 안식을 누리는 마음은 감사의 산물이다. 마음이 감사로 충만할 때 세상을 바라보는 시선이 달라지고 매일을 경험하는 방식에 변화가 생기며 다른 사람들을 보는 시선이 바뀐다. 그렇게 해서 결국 어려움을 이해하고 처리하는 태도도 변화된다. 마음에 안식을 누릴 때 쉽게 요동하지 않으며, 과도하게 비판적이지 않고, 늘 싸우려고 벼르지 않으며, 개인적이지 않은 일을 개인적인 일로 받아들이지 않는다. 또한 사람들의 인정을 광적으로 구하거나 그렇게 되지 못할 때 황폐하게 되지 않는다.

반면에, 그분의 이야기를 망각하고 감사하지 않으며 원망하는 삶은 우리 마음을 어지럽히고 불안하게 한다. 더 약해지고 탄력성이 약화된다. 과민해지고 비판적이 된다. 원망한다는 것은 불만족스럽다는 뜻이며 불만족스러울 때 불만족할 더 많은 이유를 찾게 된다. 더 쉽게 화를 내고 더 쉽게 마음이 상하며 사람들에게 덜 인내하게 된다. 원망하는 사람들은 기쁨을 누리지 못하며 타인의 어려움에 쉽게 공감하거나 긍휼을 베풀지 못한다.

현재의 문화적 배경에서 이루어지는 소셜 미디어상의 대화는 대부분 어조와 성격에서 개인적, 관계적, 문화적인 심각한 불안감을 드러내고 있다. 하지만 신자들의 소셜 미디어상의 대화 역시 별반 다를 바 없다. 앞으로 누릴 안식의 모델을 세상에 보여 주어야 할 교회가 지금 영적 불안의 장소가 되고 있다. 칭찬하기보다 원망하는 목소리가 훨씬 더 크게 들린다. 우리는 쉽게 분노하고 쉽게 마음이 상한다. 너무나 쉽게 정치화되고 집단화된다. 인내하며 아픔을 공감하는 마음이 결여되어 있고, 남의 최선을 생각하고자 하는 마음과 가능한 한 남의 동기를 판단하거나 인격을 의심하지 않으려는 노력이 그다지 보이지 않는다. 그리스도 안에서 누릴 수 있는 영원하며 중단되지 않는 은혜를 잃어버린 것은 아닌가? 우리가 받은 축복을 헤아리는 것이 얼마나 중요한지 망각해 버리지는 않았는가? 그리스도 안에서 누리는 영원이 은혜의 모든 은사와 더불어 우리 마음을 사로잡고 감사로 넘쳐흐르게 하지 않는다면 어디로 눈을 돌리든지 볼 수 있는 유해한 반응성에 저항하기가 매우 어려울 것이다. 하나님의 백성으로서 우리는 감사를 회복하고 그로 인한 수직적이고 수평적인 안식을 회복해야 할 절실한 필요가 있다.

기뻐하며 관용을 베풀라

빌립보서 4:4-7은 우리가 그동안 살펴본 모든 것에 대해 시의적절한 권면을 제시한다.

> 주 안에서 항상 기뻐하라 내가 다시 말하노니 기뻐하라 너희 관용을 모든 사람에게 알게 하라 주께서 가까우시니라 아무 것도 염려하지 말고 다만 모든 일에 기도와 간구로, 너희 구할 것을 감사함으로 하나님께 아뢰라 그리하면 모든 지각에 뛰어난 하나님의 평강이 그리스도 예수 안에서 너희 마음과 생각을 지키시리라_빌 4:4-7

이 중요하고 유익한 구절은 우리 마음의 현재 상태와 주님의 오심을 직접 연관시킨다. 또한 감사("항상 기뻐하라")를 실제로 모든 사람에게 반응하는 방식과 연결시킨다. "너희 관용을 모든 사람에게 알게 하라"는 매우 단호한 어조의 문장이다. 이 말씀을 엄중하게 받아들이고 실제 삶으로 훈련한다면 그리스도인들의 소셜 미디어 풍경은 영원히 달라질 것이다. 우리가 "관용"reasonableness이라고 번역한 단어의 헬라어 원어는 매우 다층적 의미를 지닌 도발적인 단어로서, 하나의 영어 단어로는 번역하기가 거의 불가능하다. 그것은 오래 참음, 온유함, 따뜻함, 겸양, 관대함, 온건함, 자제라는 의미를 지닌다. 우리가 전화나 태블릿, 컴퓨터를 사용할 때 이런 자세로 임한다면 더 이상 반응성 문화에 휩쓸리지 않을 것이다. 하나님은 염려에서 자유롭고 감사함으로 충만하며 마음이 평강으로 보호받기 위해 필요한 모든 것을 우리에게 주셨고, 따라서 우리는 온유하고 절제하며 관대할 수 있다. 이대로만 된다면 사실상 세상이 변화되도록 해줄 구절이다. 바울은 착하게 사는 것이 얼마나 좋은지 자기 의견을 말하고 있는 것이 아니다. 우리가 받은 모든 것을 곰곰이 생각해 보고 앞으로 경험할 영광에 우리가 참여한다는 사실을 깊이 생각한다면 마땅히 이렇게 살아야 한다는 진실을 우리에게 엄중히 알리고 있는 것이다. 기뻐하지 않는 것은 잘못된 것이다. 감사하지 않으면 잘못이다. 마음의 평안을 누리지 못하고 있다면 무엇인가 잘못된 것이다. 모든 사람에게 온유하고 오래 참으며 절제된 반응을 보이지 않는다면 문제가 있는 것이다. 이런 자질들은 복음으로 사는 이들의 기본적인 인격적 자질이며 은혜로 우리는 이런 자질을 소유할 수 있다.

이런 영광스러운 진리들에도 불구하고 신학적으로 비대해진 두뇌, 오만하고 비판적인 마음, 온유하고 오래 참는 관대함 없이 사람들에게 반응하는 모습이 우리 안에 나타난다면 무엇인가 잘못된 것이다. 복음으로 감사하는 마음이 가득하다면 트위터나 인스타그램이나 페이스북의 악플로 난장판이 벌어지지는 않을 것이다. 현재적이고 미래적인 은혜 안에서 쉼을 누리는 마음은 쉽게 불만을 가지거나 성급하게 비판하지 않을 것이다. 감사함으로 충만한 마음은 가장 가까운 다음 적을 짓밟고 죽이는 말이 아니라 그를 세우고 위로하며 격려하는 말을 사용할 것이다. 그러나 현재의 축복과 미래의 소망을 망각하는 복음 기억 상실증에 걸리면 너무나 많은 사람들을 끌어들여 유혹했고 또 계속해서 유혹하고 있는 반응성 문화의 치명적 목소리에 취약할 수밖에 없다.

세월을 아끼라

마지막 한 가지가 있다. 앞으로 우리가 영원성을 누리기 위해서는 시간을 제대로 사용해야 한다. 우리 주님의 재림과 그분의 마지막 왕국의 오심을 기다릴 때 온갖 거짓 선지자들이 일어나고 그로 인해 온갖 악이 기승을 부릴 것이다(마 24:11-12 참고). 이렇게 망가지고 고통으로 신음하는 세상에서 그분의 오심을 기다릴 때 우리는 절망하며 불안에 떨며 분노하거나 두려움에 사로잡혀 살지 않는다. 하지만 이렇게 기다리는 삶은 절대 수동적이지 않다. 이미 살펴보았듯이 우리는 어떻게 살아야 하는지 알고 있다. 에베소서 5:16은 "세월을 아끼라 때가 악하니라"라고 말한다. 우리에게 꼭 필요한 이 유익한 명령은 '이미'와 '아직' 사이에서 살아야 하는 법을 알려 주는 문단 가운데 위치하고 있다. 불행하게도 이 구절은 끊임없이 오해를 받았고 잘못된 적용을 낳았다. 이런 혼란은 **세월**이라는 단어 때문이다. 바울은 "서둘러, 시간이 별로 없어"와 같이 연대기적 의미로 이 **세월**(시간)이라는 단어를 사용하지 않는다. 그는 특정한 순간이라는 의미로 **세월**(시간)이라는 단어를 사용하고 있다. 그는 에베소 교인들과 우리에게 이 시간을 최대한 활용하라고 지시한다. 신자들에게 그는 캄캄한 세상에서 빛의 자녀로 살며, 다른 영광에 집착하는 세상에서 하나님의 영광을 드러내고, 거짓에 사로잡힌 세상에서 하나님의 진리를 밝히며, 너무나 많은 이들이 유혹에 굴복하는 세상에서 유혹에 맞서도록 하나님이 주실 모든 기회를 놓치지 말고 붙잡으라고 권면하고 있다.

이 구절의 핵심은 미래의 소망을 받아들일 때 소명이 따른다는 것이다. 우리는 사명감을 가지고 살고 행동하며 반응해야 한다. 우리는 스스로 결정한 목적이 무엇이든지 그 목적보다 더 거대한 목적으로 부르심을 받았다. 우리는 단순히 하나님의 가족으로 초대받은 것이 아니다. 이 지상에서 그분이 위임한 사명을 완수할 요원으로 선발되었다. 우리는 인간사에서 가장 중요하고 거대한 움직임, 즉 구속을 위해 헌신하며 최선을 다해 살아야 한다. 영원하고 초월적인 것을 위해 살아야 한다. 이 세상을 우리가 가진 소유의 유무나 우리에 대한 사람들의 반응이라는 작은 렌즈로 보아서는 절대 안 된다. 우리의 마음이 편안한지 아닌지나 우리가 받는 대접의 유무라는 하찮은 잣대로 절대 세상을 보아서는 안 된다. 우리의 관심 분야나 동기나 반응이 보잘것없는 우리 삶의 규모로 축소되도록 두어서도 안 된다. 우리는 무한히 위대한 무엇인가로 초청을 받았으며 이런 사실을 늘 되새기며 살도록 부르심을 받았다. 유해한 반응성은 우리의 욕구, 우리의 필요, 우리의 감정이라는 사소한 규모로 인생이 위축된 결과이다. 그것은 우리 자신의 가치를 부풀리고 우리 의견을 필요 이상으로 과장하게 한다.

유해한 반응성의 순간에 휘말릴 때 과거도 없고 미래도 없으며 장엄하고 영광스러운 움직임도 존재할 수 없다. 초월적 사명도 존재할 수 없다. 우리가 누군가를 조롱하고 비웃으며 짓밟을 때 우리는 우리 본분을 망각하고 우리에게 위임해 주신 위대한 사명을 망각하게 된다. 어둔 세상에서 우리가 빛의 자녀라는 사실을 잊어버리고 슬프게도 엉망이 된 세상의 캄캄한 반응성의 일부가 되어 버리는 것이다. 키보드에 손을 올리고 정신없이 글을 올릴 때 우리는 하나님의 영광과 그분의 은혜의 영원한 소망을 바라보며 주어진 기회를 놓치지 말고 사용하라는 부르심을 망각하고 외면하게 된다. 이기는 것에 사활을 걸고 우리 집단을 더 앞세우게 될 때, 하나님의 일보다 상대방을 무너뜨리는 데서 더 성취감을 느낄 때 우리는 복음의 사고방식을 잃어버리고, 그분의 은혜로 우리의 작은 이야기들이 하나님의 영광과 그분의 구속하시는 은혜와 평강의 영원함과 그분의 자녀로서 우리에게 허락된 의라는 초월적 이야기에 일부가 되었음을 망각해 버린다.

이미 우리에게 허락된 자비와 앞으로 임할 영광의 빛 가운데 우리가 살고 행동하며 반응하도록 하나님께서 은혜를 베풀어 주시기를 기도한다. 우리에게 주실 기회를 최대한 활용할 수 있도록 도와주시기를 바란다. 또한 모든 대화와 모든 반응과 모든 게시물에서 온유하며 오래 참는 관대함이 드러나게 해주시기를 바란다. 진실로 주님이 오실 날이 멀지 않았다.

8
자기 부인

자아는 끊임없이 끼어들어 상황을 더 어렵게 만들거나 방해한다. 관계를 지뢰밭으로 만들어 언제 엉뚱한 것을 밟을지 알 수 없다. 말을 무기로 삼고 축복을 당연한 권리처럼 생각하며 욕망을 요구로 만든다. 다른 사람에 대해서는 비판적이고 부정적으로 판단하면서 자기를 변명하는 데 바쁘다. 늘 불만족스러운 상태이며 감사하는 경우는 거의 없다. 행복하지 않을 이유를 찾아내고 자기 공을 앞세울 때가 너무나 많다. 자만심으로 가득해서 상대방의 입장에서 생각해 볼 줄 모른다. 권력과 통제를 좋아하고 누군가를 섬기는 것을 힘든 짐으로 받아들인다. 자신의 기분을 앞세우고 자신의 감정 상태를 살피는 데 골몰하며 자신의 감정 상태에 대한 사람들의 반응에 신경을 곤두세운다. 스스로 실제보다 더 뛰어난 전문가라고 자신을 기만하며 다른 사람들의 전문성은 인정하지 않으려 한다. 자신의 경험만이 유일하게 중요하다고 생각하고 남들의 경험은 무시한다. 무슨 일이든지 개인적인 일로 받아들인다. 모든 세상이 나를 중심으로 돌아간다. 말이 많고 남의 말은 잘 듣지 않는다. 자신에게 몰두하며 문제가 많고 불만족스러운 삶을 산다. 본래적인 삶과 정반대로 살며 창조 본연의 삶의 방식과 정면으로 배치되게 살아간다.

이런 슬픈 삶의 방식을 **이기적인 삶**이라 부른다. 이 단어를 내가 어떻게 사용하고 있는지 주목해서 보라. 모든 것을 본인 위주로 원하기 때문에 이타적인 사람이 아니라는 뜻으로 말하는 것이 아니다. 이 단어로 내가 말하고자 하는 것은 인생에서 어떤 일을 하든지 지배적 동기가 자기 자신이라는 뜻이다. 자신이 세상의 중심이다. 무엇인가를 하고 말하는 것은 오직 자신의 목적과 쾌락을 위해서이다. 무슨 일을 하든지 그 동기는 자신이며 오직 자기 위주로 살 때 기쁨을 느낀다. 자신이 목표이다. 우리는 기본적으로 자기를 의식하고 자기에 사로잡혀 살아간다. 스스로를 누구라 생각하고 어떤 가치관을 가졌다고 주장하든지 우리의 근본적인 삶의 방식은 이기적이다.

자아라는 우상처럼 매혹적이고 기만적이며 치명적인 우상은 없다. 우리는 이 말을 분명히 지적하고 종종 반복해서 확인해야 한다. 특히 현대의 문화적 배경에서는 더욱 그렇다. 성경의 명령과 약속과 지혜의 원리들을 무시하는 모든 행위는 자아 숭배가 그 근본 원인이며 동기라고 주장할 수 있다. 이 자아 숭배 때문에 에덴동산에서 최초의 불순종 행위가 발생했으며 오늘날에도 하나님의 경계를 위반하는 원인으로 작용하고 있다. 바울이 살아있는 자들로 더 이상 '자신을 위하여' 살지 않도록 예수님이 오셨다고 말하는 이유가 여기에 있다(고후 5:14-15 참고). 자아 숭배가 하나님 예배를 실제로 대체할 때, 우리는 하나님이 의도하시고 명령하신 대로 살지도, 행동하지도, 반응하지도 않게 된다. 하나님의 명령대로 순종하지 않는 것은 단순히 추상적인 도덕법을 위반한 것이 아니다. 만군의 여호와와 맺어야 하는 창조 본연의 목적인 예배의 관계를 어긴 것이다. 모든 불순종 행위는 하나님의 정당한 위치를 부정하고 자신을 그분의 자리에 올리는 행위이다. 다윗이 간음과 살인죄를 저지른 후 "내가 주께만 범죄하여 주의 목전에 악을 행하였사오니"(시 51:4)라고 고백한 것도 이런 이유 때문이다. 미워하고 학대하며 묵살하는 모든 행위와 무례하고 폭력적이며 편견에 치우친 모든 행위, 하나님의 형상을 지닌 존재를 해치는 모든 행위는 자아라는 우상을 숭배함으로 촉발되고 가속화된다.

그러나 이것이 인생을 주님께 바친 사람들로 가득한 교회와 무슨 상관이 있는지 반문할 수도 있다. 죄의 DNA 속에 자아 숭배가 내장되어 있다면, 우리의 모든 죄가 용서함을 받았지만 완전히 뿌리 뽑힌 것이 아니라면 우리 안에는 여전히 오래된 자아 숭배의 흔적이 남아있을 것이다. 우리 생각에 동조하지 않는 사람에게 화를 내든지, 주행 중에 길을 방해하는 운전자에게 화를 내든지, 정신없이 바쁠 때 부모의 관심을 필요로 하는 자녀들을 귀찮아하든지, 놀라운 축복을 누리는 친구를 질투하든지, 하나님이 우리에게 옳은 일이라고 말씀하신 일이 아닌 내 마음에 드는 일을 하든지 우리는 매일 이기심의 유혹과 싸워야 한다. 죄가 우리 내면에 여전히 살고 있는 한 기독교 공동체에서는 이기심의 문제가 생길 것이다. 이 때문에 교회에는 갈등이 끊이지 않는다. 교회 내의 갈등과 다툼 중 순수하게 성경적이거나 신학적인 문제로 인한 경우는 거의 없다. 더불어 살며 서로 섬기는 데 어려움이 생기는 이유는 바로 이런 자만심 때문이다. 사소한 잘못, 다툼, 인정 욕구, 통제하기 위한 싸움이 하나님이 부르신 삶과 사명에 방해가 된다. 그렇다. 믿음의 공동체에서 하나님 예배와 자아 숭배가 서로 충돌한다. 이런 충돌의 한 가지 증거가 바로 소셜 미디어와 그리스도인들의 대화에 횡행하는 유해한 반응성의 문화이다. 하지만 그리스도인들은 다음과 같은 삶의 모습으로 부르심을 받았다. "모든 겸손과 온유로 하고 오래 참음으로 사랑 가운데서 서로 용납하고 평안의 매는 줄로 성령이 하나 되게 하신 것을 힘써 지키라"(엡 4:2-3). 우리가 자신의 방식보다 이 방식, 즉 하나님의 방식을 더 사랑한다면 이런 유해한 문화는 사라질 것이다.

예수님은 그분을 따르는 모든 사람의 마음을 여전히 지배하는 것이 무엇인지 알고 계셨다. "아무든지 나를 따라오려거든 **자기를 부인하고** 날마다 제 십자가를 지고 나를 따를 것이니라"(눅 9:23)라고 말씀하신 까닭이 여기에 있다. 그리스도인의 삶의 기본적인 명령은 자기 부인이다. 이타성은 기독교의 성경적 제자도의 다른 모든 영역을 떠받치는 플랫폼에 해당한다. 겸손, 온유, 오래 참음, 섬김, 용서, 관용, 하나 됨, 사랑의 부르심은 자기 부인이 필수적이다. 자기 부인이 없이는 절대 나보다 더 위대한 대의에 복종할 수 없다. 이런 자기 부인 때문에 내가 원하는 일을 이루고자 사람들을 이용하지 않고 내 인생에 있는 것들을 주변 사람들을 사랑하는 자원으로 사용할 수 있다. 이렇게 자기를 버리는 삶은 하나님의 은혜의 변화시키는 능력이 함께하지 않으면 이루어질 수 없다. 이렇게 살기 위해서는 먼저 나에게서 구원을 받아야 한다. 단 한 번뿐이 아니라 지속적이고 반복적으로 자신에게서 건짐을 받아야 한다. 요한은 이런 이유로 "우리가 다 그의 충만한 데서 받으니 은혜 위에 은혜러라"(요 1:16)라고 말했다. 단 한 번만 은혜를 덧입는 것으로 끝나서는 안 된다. 자기 숭배라는 종양이 더 이상 내 심장에 남아있지 않을 때까지 하나님의 은혜의 영적 화학 요법을 받아야 할 필요가 있다. 그 날이 오고 있다. 하지만 그때까지 나와 당신의 소망은 "은혜 위에 은혜"에 있다. 예수님의 제자들을 생각해 보라. 그들은 모든 것을 버려두고 그분을 따랐지만, 예수님이 곧 고난당하고 죽을 것이라고 말씀하신 직후에 그들은 그 나라에서 누가 가장 큰 자인지를 두고 다투었다(막 9:33-37 참고).

그러므로 우리 교회, 더 넓은 기독교 공동체, 우리의 인터넷상의 대화에 팽배한 유해성의 근본 뿌리가 무엇인지 겸손하게 인정하고 솔직해져야 한다. 자아가 중심이 될 때 중요한 문화적, 정치적, 신학적, 성경적, 교회론적 문제들에 관한 대화는 비관적이 되고 상처를 주며 서로를 분열시킬 것이다. 다른 사람의 시각에 참을성 있게 귀 기울이고 진지하게 받아들이기 위해서는 자기를 버리는 태도가 필요하다. 사랑으로 상대방을 존중하며 반응하기 위해서는 이기적이어서는 안 된다. 인격과 동기를 판단하고 비판하지 않으려면 이타적인 마음이 필요하다. 나에 대한 사람들의 반응보다 우리 구주의 명예를 더 중요하게 생각하려면 자기를 부인해야 한다. 정죄하기보다 격려하는 데서 더 기쁨을 찾기 위해서는 이타성이 필요하다. 용서하고 회복하며 화해하기 위해서는 이타적이어야 한다. 하나 됨을 지키는 방향으로 논쟁하기 위해서 이기적이어서는 안 된다. 의견이 서로 다른 누군가를 형제나 자매로 대하려면 이타적이어야 한다. 조회 수나 팔로워 수보다 주님이 맡기신 사명에 더 관심을 가지기 위해서는 자기를 버려야 한다. 자신이 틀렸다는 것과 누군가에 대해 잘못 판단했다는 것과 게시물의 내용을 오해했다는 것을 인정하려면 이기적이어서는 안 된다. 또한 언제라도 이기적이지 않으려면 은혜가 필요하다. 지금은 그 은혜를 간절히 구해야 할 시간이다. 그리고 그 은혜를 간절히 구할 때 우리가 구하면 듣고 응답해 주겠다고 하신 하나님의 약속을 기억해야 한다.

자아와 유해한 반응성의 문화

자아가 중심이 될 때 개인적인 대화와 온라인상의 대화에 어떤 일이 벌어지는가? 어두워지고 유해해지게 된다. 이런 일이 어떻게 일어나며 어떤 모습일지 상세히 살펴보자.

자아 중심의 문화에서는 사람들이 **너무나 쉽게 모욕감을 느끼게 된다.** 자신이 세상의 중심이라고 생각하면 모든 일을 자신과 관련시킨다. 누가 나를 인정하는지 인정하지 않는지가 인생에서 가장 중요하다. 누가 내 의견에 동의하는지 동의하지 않는지, 누가 나를 존중하는지 존중하지 않는지, 내 말을 얼마나 들어주는지 아니면 무시하는지, 내 편이 이기고 있는지 아닌지, 내 말을 진지하게 들어주는지 아닌지가 인생의 중요한 문제가 된다. 내가 제일 중요하다는 **자기중심주의**meism가 기승을 부리게 된다. 인생은 나를 위주로 돌아가기 때문에 스스로 의식하든 그렇지 못하든 늘 개인적인 불쾌감을 주는 대상을 찾아낸다. 그러므로 항상 개인적인 일이 아닌 일을 개인적인 문제로 받아들일 것이고, 그로 인해 어떤 일에든 적대적으로 반응하고 보통 비슷한 반응을 되돌려 받을 것이다. 사람들이 이렇게 되돌려 주면 개인적인 공격을 받는다는 느낌이 더 강해지고 모든 문제에 지극히 개인적인 방식으로 접근하는 태도에 정당성을 부여하게 된다. 항상 경계심을 가지고 바라보기 때문에 기분 상할 일이 없어도 기분이 상하고 상처받을 일이 없어도 상처를 받게 된다. 온라인에 게시된 몇 마디 말이나 누군가의 얼굴 표정만 보아도 기분이 상하고 화가 난다. 이런 상태를 자신에게만 관심을 쏟기보다 하나님을 사랑하고 이웃을 사랑하며 삶에 최선을 다할 때 경험하는 마음의 평화와 화목한 관계들과 비교해 보라. 하나님의 자녀들은 모두 이런 이타적인 문화로 부르심을 받았다.

인생이 오롯이 본인 위주로 돌아간다고 생각하기 때문에 **자신의 의견과 생각을 과도하게 중요하게 여긴다.** 로마서 12:3은 마땅히 생각할 그 이상의 생각을 품지 말라고 요청한다. 많은 사람들은 자신의 생각을 과도하게 중요하게 여긴다. 우쭐할 정도로 자신의 생각을 만족스럽게 생각한다. 성경적이어서가 아니라 내가 그렇게 생각한다는 한 가지 이유로 말이다. 내 확신에 대한 자신감이 과도하며 자신이 항상 옳다고 자부심을 갖는다. 모든 일에 자기 의견을 표명할 준비가 되어 있으며 모든 사람이 자신의 생각을 받아들여야 한다고 망설임 없이 생각한다. 자신은 똑똑하며 주변 사람들은 하나같이 멍청하다고 성급하게 판단한다. 내가 한 말을 반복해서 들으며 내가 올린 게시물을 틈나는 대로 다시 읽지만 다른 사람들의 반응은 짜증을 내며 겨우 참아낸다. 자신의 생각이나 의견만이 중요하기 때문에 항상 배우는 자세를 갖기가 쉽지 않고, 모르는 내용을 배우려고 하지 않으며, 나보다 더 많이 알거나 똑똑한 사람들의 말을 들으려고 하지 않는다. 죄로 인해 모든 인간은 어리석은 바보가 되었고 죄가 우리 마음에 여전히 득세하는 한 어리석음의 흔적들은 사라지지 않을 것이라는 슬픈 사실을 망각해 버린다. 이타적인 삶은 언제나 모든 면에서 완벽하고 지혜롭고 신실한 분은 오직 한 분뿐이며, 아무리 그분의 발아래 오래 앉아 있더라도 우리 모두는 그분의 지혜의 은혜로 매일 구원을 받아야 한다고 생각한다.

스스로를 세상의 중심이라고 생각하고 자기 자신의 생각만을 중요하게 생각하면 **내 의견에 동조하지 않는 사람을 받아들이기가 어렵다.** 나는 주제별 토론이나 신학적, 정치적 토론이 종종 과열된 언쟁이 되어 결국 개인적인 문제로 비화되는 경우를 수없이 보아왔다. 이런 일이 일어날 때 논쟁의 주제보다는 논쟁에 참가 중인 이들에 대해 훨씬 더 많은 것이 드러난다. 자신이 여전히 죄로 결함이 많은 인간이며 틀릴 수 있고 항상 배워야 하며 하나님의 구원하시는 은혜를 끊임없이 필요로 한다는 사실을 기억하면서 대화에 임한다면, 나와 다른 의견이나 시각과 해석을 열린 마음으로 바라보게 될 것이다. 구속자의 주권적인 사랑의 돌보심을 믿는다면, 우리의 개인적 대화에 개입해서 스스로는 생각하지 못했을 일들을 생각하고 새로운 통찰과 이해와 결단에 이르도록 누군가를 우리에게 보내 주시는 분에게 마음을 열게 될 것이다. 자신의 생각이 절대 틀릴 수가 없다고 생각한다면 나와 다른 의견은 모두 개인적인 모욕으로 받아들일 것이며, 생각이 다른 사람과 정중한 토론을 하기보다 그를 개인적으로 공격하려 들 것이다. 이기적이지 않은 사람은 열린 마음으로 자신의 생각을 바라본다. 성경적 진리에 근거한 주장을 하더라도 경우에 맞지 않는 주장이거나 한 쪽에 치우친 주장일 수 있음을 기꺼이 인정하며 언제라도 배우고 성장할 자세가 되어 있다. 소셜 미디어에서 시간을 보내다 보면 이기심을 버리고 겸허하게 기꺼이 배우려고 하는 사람들이 얼마나 될지 의문이 생길 수밖에 없다.

자신이 세상의 중심이라고 생각하고 지나치게 스스로를 과신한다면 **다른 사람의 지적을 절대 받아들이지 않을 것이다.** 이해가 되지 않는가? 자신의 생각이 거의 항상 옳다고 생각하는 사람은 자신은 교정이 필요하지 않다고 생각한다. 교정이 필요한 사람이 아니라 교정해 주는 사람으로 자신을 바라볼 것이다. 스스로 의식하든 그렇지 않든 교정이 필요한 또 다른 불쌍한 영혼을 찾아내려 할 것이다. 자신은 아직 생각과 인격이 성숙해 가는 과정이며 완성된 존재가 아니라는 사실을 아는 겸손한 마음으로 살지 않을 것이다. 아직 자신은 전혀 완벽하지 않으며 은혜로 창조주께서 본래 계획하시고 구세주께서 작정하신 모습으로 변화되어가고 있음을 고백하는 것은 겸손한 일이다. 다시 말해 교정을 거부한다는 것은 단순히 다른 사람의 생각을 무시하는 이상의 의미라는 것이다. 우리 구주의 구원하시고 성숙하게 하시는 사랑의 은혜를 거부한다는 뜻이다. 여기서 교정을 거부하는 사람은 사실 교정이 가장 필요한 사람이라는 역설을 확인할 수 있다. 하나님은 그리스도의 몸이 서로를 세워 주고 격려하며 위로하고 교정하고 방향을 되돌리며 의욕을 고취시키는 대화를 지속하도록 작정하셨다. 교정하시는 은혜의 사역에 집중하시는 우리 주님은 인간의 도구를 사용해 그 사역을 지속하신다. 우리는 모두 잠언 12:1의 다소 거북스러운 말씀을 겸허히 듣고 마음에 새겨야 한다. "훈계를 좋아하는 자는 지식을 좋아하거니와 징계를 싫어하는 자는 짐승과 같으니라."

우리 주변에서 쉽게 찾아볼 수 있는 유해한 반응성을 악화시키는 또 다른 동력이 있다. 자기중심적인 사람은 **자신보다 타인의 죄와 약점과 실패를 부각시키려는 경향이 있다.** 자신이 아니라 남의 죄나 잘못에 더 관심을 두고 감정적 반응을 보이며 동기부여를 받는다면 항상 심각한 영적 혼란에 시달릴 것이다. 자신의 결점에 대해서는 너무나 관대하면서 다른 사람의 인격적 결점에 대해서는 쉽게 화를 내고 짜증을 내지 않는가? 자신이 화를 내면 당연하고 다른 사람들이 화를 내면 불쾌하게 생각하지 않는가? 자신의 선입견에 대해서는 관대하면서 남들의 편견은 비난하지 않는가? 자신의 모순된 모습은 돌아보지 않으면서 남들의 모순을 지적하는 데 열중하지 않는가? 자신의 약점은 보호하려 하면서 남들의 약점은 공격하지 않는가? 내가 속한 진영의 잘못은 절대 인정하지 않으면서 신학적으로 진영이 다른 이들의 잘못은 지적하지 않는가? 자신은 전혀 배우려고 하지 않으면서 다른 사람들이 배워야 할 내용은 쉽게 지적하지 않는가? 자신의 잘못은 숨기고 남의 잘못은 드러내는 데 열중하지 않는가? 겸허하게 자신의 잘못을 고백하기보다 남의 잘못을 지적하는 것이 더 익숙한 생활방식은 아닌가? 소셜 미디어에서 그리스도인들의 대화를 보면 우리 잘못을 인정하고 변화의 필요성을 고백하며 우리가 여전히 하나님의 거룩하고 의롭고 지혜로운 사랑의 기준에 미달한다는 사실을 슬퍼하기보다 남들을 손가락질하고 탓하느라 바쁜 것 같다. 우리의 온라인상의 대화나 개인적 대화를 망치는 유해성은 대부분 마태복음 7장에서 그리스도께서 하신 질문으로 책망을 받아야 하지 않는가? "어찌하여 형제의 눈 속에 있는 티는 보고 네 눈 속에 있는 들보는 깨닫지 못하느냐 보라 네 눈 속에 들보가 있는데 어찌하여 형제에게 말하기를 나로 네 눈 속에 있는 티를 빼게 하라 하겠느냐"(7:3-4). 5절에서 주님이 우리에게 명하신 대로 순종한다면 우리 주변에 팽배한 유해성에서 자신을 훨씬 더 잘 보호할 수 있을 것이다. "외식하는 자여 먼저 네 눈 속에서 들보를 빼어라 그 후에야 밝히 보고 형제의 눈 속에서 티를 빼리라."

온라인에서든 직접 대면하는 공동체 속에서든 스스로를 세상의 중심이라고 생각한다면 **서로의 화합을 이끌어내기보다 분열을 일으키는 사람이 될 것이다.** 인생을 자기중심적으로만 생각하는 사람들은 남들에게 세심한 관심을 기울이며 애정을 가지고 감사하는 마음으로 대하지 않을 것이다. 비현실적 기대(사람들과 인생이 다 내 중심으로 돌아간다는)를 갖고 살아가므로 끊임없이 낙심하고 그로 인한 분노를 경험할 것이다. 그런 사람은 옳음을 확인하고, 인정받으며, 이기는 편에 서고, 대화를 주도하며, 사람들이 제 주제를 알도록 해주고, 관심을 차지하는 것이 공동체의 하나 됨과 이해와 사랑을 독려하는 것보다 더 중요하다.

인생의 기준이 자신이 되면 마음이 하나 될 수 없다.

개인적이지 않은 일을 개인적인 일로 받아들이면 하나 될 수 없다.

적대적으로 반응하면 하나 될 수 없다.

의견 차이를 제대로 다룰 수 없다면 하나 될 수 없다.

잘못된 것을 교정할 때 거부하면 하나 될 수 없다.

이기는 데 혈안이 되면 하나 될 수 없다.

성경이 믿음의 가족이 꼭 갖추어야 하는 중요한 특성으로 제시하는 하나 됨의 열쇠는 이기적이지 않은 태도이다. 에베소서 4장에서 이에 대한 최고의 설명을 볼 수 있다.

그러므로 주 안에서 갇힌 내가 너희를 권하노니 너희가 부르심을 받은 일에 합당하게 행하여 모든 겸손과 온유로 하고 오래 참음으로 사랑 가운데서 서로 용납하고 평안의 매는 줄로 성령이 하나 되게 하신 것을 힘써 지키라 몸이 하나요 성령도 한 분이시니 이와 같이 너희가 부르심의 한 소망 안에서 부르심을 받았느니라 주도 한 분이시요 믿음도 하나요 세례도 하나요 하나님도 한 분이시니 곧 만유의 아버지시라 만유 위에 계시고 만유를 통일하시고 만유 가운데 계시도다 … 우리가 다 하나님의 아들을 믿는 것과 아는 일에 하나가 되어 온전한 사람을 이루어 그리스도의 장성한 분량이 충만한 데까지 이르리니 이는 우리가 이제부터 어린 아이가 되지 아니하여 사람의 속임수와 간사한 유혹에 빠져 온갖 교훈의 풍조에 밀려 요동하지 않게 하려 함이라 오직 사랑 안에서 참된 것을 하여 범사에 그에게까지 자랄지라 그는 머리니 곧 그리스도라 그에게서 온 몸이 각 마디를 통하여 도움을 받음으로 연결되고 결합되어 각 지체의 분량대로 역사하여 그 몸을 자라게 하며 사랑 안에서 스스

로 세우느니라_엡 4:1-6, 13-16

이 본문이 두 종류의 하나 됨을 강조한다는 사실을 유의하라. 바로 성령의 하나 되게 하심(4:3)과 믿음의 하나 됨(4:13)이다. 두 번째 하나 됨을 이루고자 소망한다면 첫 번째 하나 됨을 보호하고 유지하고자 주의를 기울여야 한다. 성령의 하나 되게 하심은 하나님이 만들어 주신 결속으로 우리는 다른 모든 성도들과 이 하나 됨을 함께 지켜나가야 한다. 이것은 그리스도 안에서 어떤 형제자매도 적으로 보아서는 안 된다는 뜻이다. 의견이 아무리 갈리더라도 하나님의 주권적 구속의 계획을 따라 우리는 한 가족이 되었고 한 몸의 지체로 서로 연결되었다. 당신 안에 지금 내주하시는 동일한 성령이 내 안에도 내주하고 계신다. 이 구절 초반부는 이러한 하나 됨을 해치지 않도록 우리가 할 수 있는 최선을 다하라고 요청하고 있다. 어떻게 이 일을 할 수 있는가? 이 구절의 대답은 명확하다. 이기적이지 않은 삶이다. 자기중심적 태도는 항상 하나 됨을 무너뜨리고 해친다.

이런 이기적이지 않은 삶은 어떤 삶인가? 겸손과 온유함, 오래 참음, 관용과 평안을 위해 힘써야 한다는 의미이다. 대면으로든 비대면으로든 기독교 공동체가 누군가에게 반응할 때 이런 자질들을 집중적으로 보여 준다면 유해한 반응성은 사라질 것이다. 그렇다. 우리가 믿음 안에서 하나 됨을 이루기까지는 많은 난관이 있겠지만 그것을 이룰 유일한 방법은 이 구절이 요청하듯이 하나 됨을 지키는 이타적인 생활 모습을 통해서이다. 사랑으로 진리를 말하도록 요청하는 이 절의 후반부의 조언을 유념하라. 우리가 함께 진리에 도달하고 온전히 진리를 이해하며 온전히 그 진리를 적용하고자 한다면 유일한 방법은 사랑뿐이다. 사랑으로 말하지 않는 진리는 진리일 수 없다. 서로 다른 감정과 목적으로 왜곡되고 변질되기 때문이다.

두 사람에게 말하기 매우 곤란한 문제가 있는데 한 사람은 나에게 패배 의식을 느끼고 있고 다른 한 사람은 내가 그를 사랑한다는 사실을 알고 있다면 두 사람 중 누가 내 말을 주의 깊게 듣고 고민하려 하겠는가? 대답은 명확하다. 그렇지 않은가? 당신이 손에 성경을 든 하나님의 자녀라면 소셜 미디어에서 서로 교류하고 반응하는 방법에 관한 특별한 책자가 필요하지 않을 것이다. 복음이 안내자 역할을 해주고 에베소서 4장이 매뉴얼이기 때문이다. 그러나 여기에 문제가 있다. 죄가 우리 안에 계속 남아있는 한 자기중심성의 유혹은 계속 막강할 것이고 이타적인 삶에 대해서는 본능적으로 거부감을 느낄 것이다. 그러므로 우리는 모두 성령의 하나 되게 하심을 위해 최선을 다하지 않았다는 사실을 고백하는 것에서 시작해야 한다. 때로 우리는 인정받거나 자신을 옹호하고 우리 집단을 보호하며 승리하는 데만 관심이 있다.

때로 겸손한 온유함이 부족하다. 종종 우리는 마음이 쫓기고 화가 나며 조바심을 낸다. 때로 평화를 중요하게 생각하지 않는다. 그리고 종종 사랑으로 진리를 말하지 않는다. 이런 우리가 고통으로 신음하며 분열된 공동체를 이루는 것은 하등 놀랍지 않다. 이런 사실을 고백할 때 그리스도 안에서 허락하신 은혜를 주시도록 부르짖으라. 구원을 위해 기도하라. 완전히 잘못했다고 생각하는 사람이나 분노를 유발하는 사람에게서 건져 달라고 기도하라는 것이 아니다. 은혜로 자신에게서, 다시 말해 여전히 우리 마음을 지배하는 이기적 성향에서 건져 주시도록 기도하라. 그런 다음 페이스북이나 트위터, 인스타그램, 틱톡을 확인할 때마다 에베소서 4장을 기억하라. 하나님의 자녀들이 함께 살며 그분만이 창조하신 우리의 놀라운 결속을 보호하고자 하는 겸손한 결심으로 서로 소통할 때 하나님이 영광을 받으시고 아름다운 일을 경험할 수 있다.

9

한계

교만보다는 겸손이 더 설득력이 있다. 오래 참음이 성급한 조바심보다 더 강력하다. 온유한 대답이 시끄럽고 분노에 찬 반응보다 더 변화에 도움이 된다. 기꺼이 귀 기울여 듣는 것이 들어달라고 요구할 때보다 더 효과적이다. 용서가 원한보다 더 강하다. 사랑은 증오와는 비교할 수 없을 정도로 좋은 열매를 맺는다. 서로 화평함이 전쟁을 즐기는 것보다 더 유익하다. 자비가 심판을 이긴다.

성경은 변화를 위한 하나님의 도구로 기능하기 위해 우리가 할 수 있는 일이 있음을 명확히 하고 있다. 진리를 전할 기회를 얻기 위해 행동할 수 있다. 하나님이 계심을 믿는다면, 진리를 우리에게 주셨고 악과 거짓의 세력이 있음을 믿는다면 무엇이 진리이고 무엇이 거짓인지 사람들이 알기를 원할 수밖에 없다. 자신이 속한 공동체와 문화와 신념을 잘 살펴보아야 한다. 주변 사람들의 마음과 영혼과 생활에 관심을 가져야 한다. 당신의 말을 앵무새처럼 동조해 주는 친구들이 있는 안전하고 작은 기독교적 고치 속으로 숨어들어서는 안 된다. 주변 세상과 어울려야 하고 하나님이 그분의 교회를 성숙하게 하고 성결하게 하시기 위한 중단 없는 대화에 동참해야 한다. 성경에서는 어디서도 탈퇴를 선택 사항으로 제시하지 않는다.

그렇다. 우리는 성경이 요청하는 인격적 결단에 응해야 한다. 하지만 이제 내가 말하려고 하는 내용은 매우 중요하다. 하나님의 자녀로서 실천적 행동에 나서더라도 자신의 한계를 신속하고 겸손하게 인정할 필요가 있다는 것이다. 우리는 그 어떤 사람의 마음도 변화시킬 능력이 없다. 오직 자신의 논리력이나 언변이나 포기하지 않는 집요함이나 인격적 감화력 혹은 두려움을 주는 위협이나 지위의 힘이나 영향력으로 다른 사람의 마음을 변화시킬 수 있다면 예수님의 생명과 죽음과 부활, 성령의 내주하심이 필요하지 않았을 것이다. 우리는 절대 변화를 만들어낼 능력이 없다. 우리는 항구적이고 유일한 인간의 변화, 즉 마음의 변화를 이루어낼 힘을 가진 오직 한 분의 손에 들린 도구일 뿐이다. 자신의 한계를 망각하거나 부정한다면 결국 하지 말아야 할 일이나 말을 하고 말 것이고, 그렇게 함으로 이루고자 했던 변화를 이루는 데 실패할 것이다. 오직 하나님만이 가지신 힘과 통제력을 스스로 가지려 하면 어떤 좋은 결과도 낼 수 없다. 소셜 미디어를 더 많이 조사할수록, 기승을 부리는 유해한 과열 양상은 대부분 사람들이 자신의 한계를 부정하거나 망각한 결과라는 것을 더욱 확신하게 된다.

주변 문화와 기독교 공동체의 대화에 너무나 유해한 반응성을 극복하고 싶다면 자신의 한계를 겸손하게 인정하는 것에서 출발해야 한다. 우리는 모두 우리의 한계를 망각하기 쉽고, 오직 하나님만이 하실 수 있는 일을 오만하게 시도할 수 있다. 부모로서 목소리를 높이면 자녀의 마음이 바뀔 수 있다는 착각에 빠질 수도 있다. 어쩌면 이런 망각성 때문에 상대방보다 우위에 서려 하고 상대방의 논리를 오만한 태도로 무너뜨리면서도 아무렇지 않을지 모른다. 혹은 누군가의 충성심을 매수하거나 위협으로 누군가를 제압하고 싶은 유혹을 받을 수도 있다. 이런 각각의 사례들은 오직 하나님만이 하실 수 있는 일, 다시 말해서 다른 사람의 마음과 인격을 변화시키는 능력을 스스로에게 부여한 행위이다. 이런 식의 시도로는 우리가 이루고자 하는 일을 지속적으로 만들어 낼 수 없다.

서로에 대한 반응과 교류는 모두 우리의 한계를 겸허하게 인정하는 가운데 이루어져야 한다. 우리가 한마음으로 이런 노력을 한다면 그리스도인의 대화를 혼탁스럽게 하는 유해한 반응성은 대부분 해결될 것이라고 생각한다. 그렇다면 이제 우리가 내세에서 그분과 영원히 함께할 때까지 제약을 받을 수밖에 없는 한계들을 살펴봄으로써 우리의 한계를 확인하는 작업을 해보고자 한다.

제한적 의

여기서 복음에 입각한 시각으로 바라보면 놀라운 유익이 따른다. 우리는 우리를 위한 예수 그리스도의 의로운 삶과 열납된 제사로 완벽하게 의롭다는 선언을 받았다. 우리는 하나님 앞에 의로운 자로서 지위를 인정받았다. 하지만 실제로 완벽하게 의로운 것은 아니다. 우리는 실제로 **의로워지는 과정에** 있다. 하나님의 거룩하게 하시는 은혜의 능력으로 우리는 모두 그 과정에 있다. 이것은 죄가 여전히 우리에게 남아 있으며 도덕적 부정과 반역하고자 하는 성향의 지배를 여전히 받는다는 뜻이다. 항상 경건하게 사고하지 않는다. 하나님이 바라시는 대로 항상 욕망하지도 않는다. 우리의 동기는 종종 정결한 동기와 부정한 동기가 혼재되어 있다. 여전히 오만하며 증오와 탐욕을 부릴 수 있다. 순종보다 죄가 더 매혹적으로 보이는 순간들이 있다. 영적인 맹인 상태이며 그로 인해 자기 이해가 부정확할 수 있다. 다시 말해서 우리 마음의 지배권을 둘러싼 전쟁이 여전히 진행 중이라는 말이다.

그러므로 우리의 즉흥적인 충동이 항상 옳지는 않다. 손가락을 키보드에 올리고 무엇인가를 쓰도록 몰아가는 욕망이 항상 순수하지만은 않을 것이다. 말을 은혜의 도구가 아니라 무기로 사용하고 싶은 유혹을 느낄 것이다. 말하기는 속히 하고 듣기는 느릴 때가 적지 않을 것이다. 자비가 필요할 때 심판이 더 낫다고 착각할 수도 있을 것이다. 자신에 대해서는 관대하면서 남에게는 지적하고 싶은 유혹을 받을 것이다. 사랑으로 손을 내밀어 주기보다 누군가를 짓밟을 때 더 쾌감을 느낄 수도 있을 것이다. 나와 생각이 다른 사람들을 그리스도 안에서 가족의 일원이 아니라 적으로 간주하고 싶은 유혹을 받을 것이다. 다른 사람들의 통찰과 동기는 비판하고 나는 옳다고 우기고 싶을 것이다. 개인적이지 않은 문제를 개인의 문제로 삼고 개인적 상처로 반응하고 싶을 것이다. 죄가 우리 안에서 힘을 행사하는 한 우리는 모두 이런 유혹에 취약하다. 그러므로 아직 우리는 완성된 존재가 아니며, 하나님의 은혜의 학교에서 졸업하지 않았고, 여전히 그분의 용서하시고 구원하시며 힘을 덧입혀 주시는 자비가 필요하다는 사실을 스스로 주지하는 것이 매우 중요하다. 어떤 반응을 하더라도 우리의 의가 완전하지 않다는 고백이 우선되어야 한다.

제한적 지식

나는 나의 지식이 얼마나 제한적인지 뼈저리게 경험하며 꼬박 일 년을 지냈다. 지난 해 나는 12가지 핵심적인 복음의 교리에 관한 책을 쓰는 작업에 매달렸다.[1] 나는 단순히 놀라운 진리들을 규정하고 설명하는 것이 아니라 이 진리들이 우리의 모든 행동과 말에 어떤 영향을 미쳐야 하는지를 기술하는 데 집중했다. 그 과정은 내가 철저히 겸손해지는 경험이었다. 먼저 이 진리를 삶으로 사는 것이 가르치는 것보다 얼마나 어려운지 직접 느껴야 했다. 그러나 특별히 수없이 나를 힘들게 하고 도움을 구하며 절규하게 했던 한 가지 일이 있다. 안다고 착각했지만 사실 얼마나 무지했는지 알게 된 것이다. 하나님의 진리는 그 깊이를 알 수 없는 영광의 대해와 같다. 평생 더 깊은 곳으로 헤엄쳐 들어가더라도 그 바닥에 절대 도달할 수 없다. 실제로 우리가 영원토록 하나님의 진리의 영광의 심해를 헤치고 다닌다 해도 그 깊이를 다 알 수는 없을 것이다. 그러므로 우리는 학생의 마음으로 새로운 것들을 기꺼이 배우고, 이미 알고 있는 지식은 그 이해를 새롭게 연마하며 서로 소통할 필요가 있다. 그리스도인들의 소셜 미디어를 보면 만물에 정통한 신학 박사처럼 구는 이들이 너무나 많다. 그리스도 안에 있는 형제자매들의 신학적 해석을 조롱하듯이 비꼬거나 자신들의 교리적 해박함을 과시하며 관종처럼 군다. 이런 행동은 하나님의 진리를 사랑하는 마음으로 설득을 하려는 행동이 아니다. 자기애로 오만하게 상대방을 짓밟는 행동이다.

그러나 여기서 우리가 고민해야 할 지점은 다르다. 어떤 사상 분야나 실행 분야에서 전문가가 된다고 해서 모든 분야의 전문가는 아니다. 목회자나 사역 리더나 성실한 성경 학도라면 신학적으로 독보적인 탁월함에 이를 수 있다. 하지만 그 지식의 한계를 스스로 거듭 인정해야 한다. 우리는 역학이나 사회 이론, 정치 철학, 과학, 의학, 혹은 자신의 전문 분야 외의 지식과 경험에 대해서는 거들먹거리지 않아야 한다. 우리는 모두 삶에 여러 전문가들이 필요하다. 누구도 모든 일에 전문가가 될 수 없다. 형제자매들이, 특히 그중에 막강한 영향력을 미치는 일부 형제자매들이 스스로 전문 훈련과 지식을 갖지 못한 분야에 대해 권위자인 양 말하는 모습을 지켜보는 일은 여간 고역스럽지 않다. 스스로 아는 것보다 더 안다고 생각하고 싶은 유혹을 받을 수 있다. 자신이 안다고 생각하는 영역에 전혀 무지하듯 보이는 사람들에게 유익하지 않은 방향으로 반응하고 싶은 유혹을 받을 수 있다. 하지만 배우고자 하는 삶의 태도를 온전히 견지해야 함을 인정하고 자기 분야의 훈련과 전문 지식이 아니면 나서지 않도록 스스로 주의한다면 우리가 겪는 유해한 반응성은 대부분 해결될 것이다. 우리는 사람들과 의견을 주고받거나 의견을 게시하고 싶을 때마다 자신의 지식의 한계와 전문 지식의 협소함을 겸허히 인정해야 한다.

제한적 경험

사랑하는 아내 루엘라와 나는 지난 몇 년 동안 큰 변화를 경험했다. 하나님의 세계가 얼마나 거대하고 그 세상에 대한 우리 경험이 얼마나 미천한지 절감한 시간들이었다. 우리 인생 경험의 한계와 직면하겠다고 온 세상을 돌아다닐 필요가 없었다. 단지 센터 시티 필라델피아의 우리 집에서 몇 마일만 나가도 충분했다. 우리는 흑인 목사님이 시무하고 교인 80퍼센트가 흑인인 교회에 다니기 시작했다. 그 교회에 출석하면서 우리는 눈이 새롭게 열리고 마음이 겸허해질 수밖에 없는 놀라운 경험을 했다. 우리 경험의 한계를 부정하면 나의 경험이 모든 사람의 경험이라고 착각할 것이고, 이런 착각 때문에 다른 사람의 경험이 나의 경험과 얼마나 다른지 질문하거나 조사하고 배우지 않을 것이다. 모든 종류의 오해와 상처는 우리가 동일한 경험을 한다고 착각한 결과이다. 루엘라와 나는 흑인 형제자매들의 경험에 귀 기울이고 그들에게 이야기를 들려달라고 요청하며 우리의 오해를 직접 확인하면서 우리가 얼마나 수많은 착각 속에 살아왔는지 깨닫게 되었다.

인간으로서 우리가 공유하는 경험은 너무나 많고 모든 그리스도인이 함께 누리는 복음의 축복도 수없이 많다. 그러나 오하이오 톨레도에서 백인 소년으로 성장기를 보낸 사람과 필라델피아 도심에서 흑인으로 어린 시절을 보낸 사람은 절대 같을 수 없다. 나는 그동안 내가 얼마나 잘못된 착각을 하고 살아왔는지 수없이 경험하게 되었고, 유사한 경험을 했다고 지난 세월 생각하거나 말했던 수많은 판단들과 비판을 후회하게 되었다. 우리는 진심으로 알고 이해하고 싶다는 간절한 마음으로 기꺼이 경청하며 겸손한 사랑의 마음으로 타인의 세계를 받아들여야 한다. 다른 사람들의 이야기를 소중하게 여겨야 한다. 그 이야기들의 원 저자인 분을 우리가 믿고 예배하기 때문이다. 소셜 미디어의 유해한 반응성은 거의 대부분 서로의 경험이 유사하다는 오만한 착각과 그들의 경험이 우리와는 너무나 다르다고 말하는 사람들에 대한 방어적 반응으로 더 심각해진다.

목회자들이여, 우리 교회 여성들의 교회에 대한 경험은 우리와 다르거나 남자 성도들과도 다를 것이다. 우리는 여성도들의 경험에 적극적으로 귀 기울여야 한다. 어머니들이여, 여러분의 자녀들은 가족에 대해 당신이나 당신의 남편과는 다른 경험을 했을 것이다. 자녀들이 가정생활에 대해 솔직하게 털어놓아도 안전한 가정이 되도록 해야 한다. 상사들이여, 직원들은 회사에 대한 경험이 당신과 동일하지 않다. 재정적으로 안전한 사람들은 가난한 사람들과 동일하게 인생을 경험하지 않는다. 아픈 사람들은 건강하고 튼튼한 사람들과 매우 다른 인생을 경험한다. 반응하기 전에 "내가 반응하려고 하는 이 사람은 누구이며 어떤 인생을 살아왔는가? 그리고 바로 지금 그녀에게는 무슨 일이 일어나고 있는가?"라고 사랑으로 스스로 반문해 보면 어떠하겠는가.

제한적 지혜

나는 매주 잠언에 관한 5분짜리 영상 시리즈를 만드는 작업을 하고 있다. 각 영상에서 나는 이 놀라운 하나님의 말씀이 소개하는 수많은 지혜에 관한 주제들을 하나씩 요약해서 설명한다. 하나님의 지혜의 깊이와 영광스러움에 얼마나 감격하게 되는지 모른다. 내 안에는 실제적이고 진정으로 지혜롭고 싶다는 이전에 경험해 보지 깊은 갈망이 생겼다. 성경은 곳곳에서 지혜에 대해 이야기한다. 지혜가 무엇인지뿐만 아니라 지혜가 어떤 역할을 하는지도 알려 준다. 사람들은 지식과 지혜를 혼동하는 경향이 있다. 나는 20년 동안 신학교 교수로 섬겼다. 학생들은 강의를 다 듣고 많은 지식을 습득했지만 진정으로 지혜로운 이들은 거의 없었다. 어떻게 이것을 알 수 있는가. 사례 연구를 통해 그들의 지식을 구체적인 상황에 적용해 보라고 요청하면 거의 대부분 적용하는 데 어려움을 보이고 망설였다. 교리 시험은 쉽게 통과했지만 그 교리들을 이 타락한 세상의 어려운 삶의 상황에 적용하는 것은 다른 이야기였다.

지혜의 본질과 기능이 이와 같다. 지혜는 하나님의 진리의 말씀을 일상적인 삶의 상황과 위치와 관계에 구체적으로 적용하는 능력이다. 지식이 사고방식이라면 지혜는 생활방식이다. 지식이 무엇이 진리인지를 묵상한다면 지혜는 어떤 일을 해야 옳은지를 결정한다. 지식이 진리에 마음과 생각을 집중한다면 지혜는 우리의 모든 존재와 소유를 삶의 방식으로 드러낸다. 지식이 개념화하는 능력을 하나님의 계시에 굴복시키는 것이라면 지혜는 인생을 그분의 뜻과 길과 영광에 굴복시킨다. 지혜는 지식 없이 존재할 수 없고 지식은 지혜로 적용하지 않으면 불완전하다. 성경적 지식은 결코 그 자체가 목적이 아니며 목표를 이루는 수단이 되어야 하고 그 목적은 지혜롭고 경건한 삶이다. 지혜는 모든 깨달음과 명령과 모든 진리와 원리와 교리와 모든 성경의 약속이 우리의 일상생활의 문화로 표현되어야 함을 이해한다. 지혜는 지식을 삶으로 실천할 수 있을 때까지 진정으로 안다고 할 수 없음을 이해한다.

지혜의 획득에 관한 중요한 내용이 여기 있다. 지혜로워진다는 것은 절대 일회성 행사가 아니라 일생의 과정이다. 우리는 모두 지혜에 관한 한 변화되어 가는 지속적 과정에 있음을 겸허하게 인정해야 한다. 과거보다 지금 더 지혜롭게 해주시는 하나님을 찬양하며 지금보다 언젠가 더 지혜로워지게 해주실 하나님께 감사하라. 우리가 하나님과 아무리 오래 걷는다 해도 하나님의 지혜에 완전히 도달할 수는 없다. 아직 내가 지혜로워지는 과정에 있다는 사실은 아직 어리석은 자일 수 있다는 뜻이다. 소셜 미디어들을 보면 바로 그 순간 지극히 어리석게 반응함에도 자신들이 엄청나게 지혜롭다고 착각하는 사람들의 글을 자주 읽게 된다. 지혜는 겸손하고 온유하며 심판보다 자비를 사랑하고 인격적 성장과 하나님의 영광을 상대방을 이기는 것보다 더 중요하게 여긴다. 지혜는 적을 찾아내느라 혈안이 되지 않고 많은 친구들을 사귀며 절대 그 지혜를 과시하지 않는다.

우리는 항상 모든 면에서 지혜롭지 못함을 인정하며, 반응하기에 앞서 여전히 어리석을 수 있다는 사실을 고백하는 습관을 길러야 한다. 우리가 매일 접하는 어리석은 반응성의 바탕에는 거짓 지혜가 있다. 지혜로 위장한 오만한 지식이 소통 기술로 무장한 것이다. 그러나 그것은 지혜가 응당 해야 할 일을 하지 않거나 할 수 있는 일을 하지 않는다. 하나님의 진리를 옹호한다고 주장하지만 그분에게 영광을 돌리는 방식은 아니다. 하나님을 사랑한다고 주장하지만 형제자매들을 원수라도 된 양 대한다. 오래 참는 겸손과 용서하는 사랑이 결여된 지혜는 '지혜'의 모양만 있는 지혜이다. 하나님은 그분의 지혜로 우리에게 은혜를 베푸시고 은혜로 우리를 지혜롭게 해주신다. 우리는 모두 잠언 4:7-9를 기억해야 한다.

> 지혜가 제일이니 지혜를 얻으라
> 네가 얻은 모든 것을 가지고 명철을 얻을지니라
> 그를 높이라 그리하면 그가 너를 높이 들리라
> 만일 그를 품으면 그가 너를 영화롭게 하리라

그가 아름다운 관을 네 머리에 두겠고
영화로운 면류관을 네게 주리라 하셨느니라

지혜가 필요한 사람임을 기억하며 살고 반응하고 기도하라. 행동과 반응이 달라질 것이다. 그리고 그렇게 변화가 일어날 때 좋은 열매를 거둘 것이다.

제한적인 은사와 능력

나는 사역자로 살아오면서 내 은사의 한계에 수없이 부딪혔다. 하나님이 내게 주신 은사에 감사를 드리지만 모든 방면으로 모든 일에 은사를 받은 것이 아님을 절감하고 있다. 나는 가르치고 설교하며 상담하고 글을 쓰는 은사를 하나님께 받았지만 행정가는 아니다. 그러므로 나는 나보다 유능한 사람들을 가까이 두고, 그들을 한 사람 한 사람 얼마나 아끼고 존중하며 감사하게 여기는지 기회가 생기는 대로 표현하고자 노력한다. 그들의 도움과 조언과 지도 없이는 하나님이 부르셔서 맡기신 일을 제대로 해낼 수 없다. 하나님은 원래 이런 식으로 일을 하신다. 우리 중 누구도 다른 사람의 도움이 없이 살도록 만들어지지 않았다. 우리는 모두 원래 창조된 모습으로 회복되고 부르신 부름대로 순종하기 위해서 다른 사람들의 헌신에 의존한다. 사도 바울은 이 사실을 설명하기 위해 인간의 몸을 비유로 들어 설명했다(고전 12장). 몸의 각 지체는 몸의 다른 모든 지체에게 의존한다. 각 지체가 자기 몫을 감당하기 위해서는 각 지체가 자기 역할을 해주어야 한다. 인간의 몸의 어떤 부분도 독자적으로는 제대로 기능하지 못한다. 다시 말해서 그리스도의 몸이 하나님이 작정하신 대로 기능하기 위해서는 은사의 한계를 겸손하게 인정하며 다른 사람들의 은사를 겸손하게 의지하고 감사하는 것이 필수적이라는 말이다.

하나님이 작정하신 상호 의존성을 진지하게 받아들인다면 자기 의사를 관철시키려고 관계들을 망칠 필요가 없다. 적이 아닌 사람들을 적으로 돌릴 이유가 없다. 존중해야 할 사람들을 공개적으로 조롱해서는 안 된다. 적대적인 집단들로 분열할 필요가 없다. 다른 사람들의 공로를 묵살할 필요가 없다. 누군가를 해칠 의도로 어떤 일을 할 이유가 없다. 한 개인의 인격을 성급하게 의심하거나 동기를 판단해서는 안 된다. 친구들보다 SNS상의 팔로워들을 더 소중하게 생각하지 않는다. 은사의 한계와 다른 사람들에 대한 필요를 인정한다면 개인적으로든 온라인으로든 존중하고 감사하며 사랑하는 마음으로 사람들을 대할 것이다. 듣기는 빨리 하고 반응하기는 더디 할 것이다. 반대 의견을 갖더라도 더 건강한 관계를 가꾸려고 애쓸 것이다. 사람들을 기꺼이 받아들이고 감사함으로 그들의 도움을 받을 것이다. 우리 중 누구도 모든 것을 다 가진 이는 없고 우리는 모두 서로를 필요로 한다. 모든 사람이 이것을 믿고 서로에게 반응한다면 소셜 미디어상의 대화는 근본적으로 달라질 것이다.

제한적 시간

스티브 잡스가 유비쿼터스 모바일 폰을 만들었을 때 세상의 모든 문화에 변화가 생겼다. 이제 우리는 가방과 주머니에 놀라울 정도로 강력한 도구를 휴대하고 다닌다. 40년 전이라면 과학 소설이라고 생각했을 일이 현실에서 일어나고 있다. 모바일 기기와 함께 인터넷이 등장했고 구글, 이메일, 페이스북, 인스타그램, 틱톡, 트위터, 그리고 우리의 시간과 관심을 사로잡는 수만 가지 앱이 생겼다. 우리는 어디로 가든지 이 강력하고 치명적 매력의 도구들을 휴대한다. 그것들은 아침에 우리를 맞아주고 밤에 잠자리에 들 때 함께해 준다. 끊임없이 우리 관심을 분산시키고 무슨 일을 하든지 개입한다. 우리의 모바일 도구들은 긍정적으로 사용할 수 있는 강력한 도구이지만 우리 삶의 너무나 많은 부분을 지배한다. 끝없는 모바일 연결성은 실제로 필요하지 않은 것을 필요하다고 생각하게 만들고 실제로 할 필요가 없는 일을 해야 한다고 생각하도록 우리를 속인다. 지난 10년간 이 기기보다 인간 문화에 더 극적인 변화를 가져다준 것은 없었다. 우리의 모든 삶이 이 기기의 위력으로 완전히 재편되었다.

   이것이 중요한 이유가 여기에 있다. 하나님의 선하고 지혜로우신 계획으로 우리는 오직 유한한 시간을 허락받았다. 일주일에 10일을 가질 수 없고 하루에 32시간을 가질 수 없다. 우리는 하나님이 우리를 위해 설정하신 한계를 넘어서 살 선택권이 없다. 그러므로 강력하면서 매혹적이고 치명적인 무엇인가가 우리 인생에 찾아오고 우리 시간을 과도하게 잠식한다면 그 시간은 우리 인생의 다른 무엇인가를 빼앗아 갈 것이다. 직장이 우리 시간을 점점 더 많이 요구한다면 가족과 함께하는 시간, 우정과 교제의 시간, 사역 시간을 잠식할 것이다. 강력한 미디어 기기와 우리를 유혹하고 매료시키는 소셜 미디어 사이트들도 마찬가지이다. 우리가 화면을 넘기며 보내는 시간은 아내와 자녀들과 함께할 시간이나 경건의 묵상 시간, 그리스도 안에서 형제자매들과 보내는 시간을 빼앗아갈 것이다. 소셜 미디어에서 보내는 엄청난 시간의 경우 여기에 투자한 시간은 사실 도둑질당한 시간이다. 나는 디지털 문화가 우리에게 너무 소중해졌기 때문에 사방에서 보이는 유해성에 속절없이 빨려 들어가고 있다는 확신을 갖게 되었다. 하나님이 부르신 다양한 일에 시간을 투자할 수 있음에도 우리는 생각할 필요가 없는 일들을 생각하고, 해서는 안 되는 방식으로 반응하고 싶은 유혹을 받는다. 항상 가지고 다니는 휴대폰이 우리 시간의 한계에 대한 실제적인 경고가 되기를 바란다. 아니라고 단호하게 말하는 법을 배우며 하나님이 영구적인 가치가 있다고 말씀하신 일에 헌신하고

자 하는 결단을 새롭게 할 수 있기를 기도한다.

❖

우리는 모두 하나님이 그분의 지혜와 사랑과 선하심으로 우리에게 설정해 주신 여러 한계들과 더불어 살아가고 있다. 그 한계를 뛰어넘어 살고자 하는 시도는 결코 바람직하지 않다. 우리는 그 한계를 설정해 주신 분을 알고, 그분의 모든 길이 옳고 진실함을 알기 때문에 평안한 마음으로 그 한계를 받아들일 수 있다. 그분이 우리를 위해 설정해 주신 한계는 보호용 한계이다. 그것들은 오직 하나님만이 하실 수 있는 일을 하려고 하는 유혹이나 해서는 안 될 말을 하려는 유혹에서 우리를 지켜준다. 우리가 자신이나 다른 이들에게 너무나 제한적이어서 할 수 없는 일을 하나님이 우리를 위해 우리를 통해 그리고 우리 안에서 늘 하고 계심을 기억해야 한다. 그러므로 상대방을 비판하는 내용물을 게시하거나 문자를 보내기 전에 자신의 의와 지식과 경험과 지혜와 은사와 시간의 한계를 기억하라. 그러면 그렇게 하게 하신 하나님께 감사하게 될 것이다.

10

가치

우리는 매일 그 일을 하고 있다. 실제로 하루에 백 번 넘게 그 일을 하고 있다. 원래 태생이 그렇게 되어 있으므로 피할 수 없는 일이다. 우리가 무엇을 욕망하고 선택하며 어디에 꿈과 희망을 두고 어떤 일에 전념하며 어느 지점에서 낙심과 분노를 느끼고 어떤 일을 견디고 참으며 언제 포기하는지는 모두 이것이 결정한다. 그것은 우리의 의견을 갈리게 하고 집단들로 각자 분열되게 만든다. 어떤 사람들은 우상화하고 어떤 사람들은 동정하게 만든다. 매일 우리가 의식하고 있는 이상으로 우리는 일상에 일어나는 일에 **가치를 부여하며** 살아간다. 매일 우리가 중요하다고 생각하거나 중요하지 않다고 결정한 것에 근거해 행동하고 반응하며 대응한다. 모든 인간은 가치 지향적이며 목적 지향적이고 의미 지향적이며 목표 지향적인 존재이다. 우리가 무슨 행동을 하고 말하건 스스로 귀중하다고 생각한 것을 추구하는 가운데 행동하고 말한다. '이미'와 '아직' 사이에서 우리는 모두 가치 투쟁을 하며 살고 있다. 여러 가치 체계가 우리를 유혹하고 끌어당긴다. 이것이 단순히 경쟁적인 가치 체계의 싸움이 아니라 예배의 싸움임을 이해하지 않으면 가치의 중요성과 투쟁의 본질을 절대 이해할 수 없을 것이다.

나는 하나님의 말씀에서 발견하는 심오한 통찰과 인생의 문제들에 대한 분석이 얼마나 근본적으로 다른지를 보고 전율하며 감동한다. 성경의 이런 분석과 통찰은 어디서도 발견할 수 없을 것이다. 성경은 인간이 왜 그렇게 행동하는지 인간 존재를 꿰뚫어보는 심오한 분석을 제공한다. 성경의 분석은 전혀 단순하지 않다. 다층적이므로 복합적인 인간의 동기와 행동을 능히 다룰 수 있다. 우리는 역기능의 핵심을 건드리지 못하는 다른 분석들에 치우쳐 성경의 탁월한 진단을 외면해서는 안 된다. 우리의 개인적인 가치 작동 체계에 관해 성경은 단연 독보적이다. 이 주제가 이 책에서 중요한 이유는 유해한 반응성의 뿌리에 우리의 반응을 좌우하고 생각을 차지하는 확고한 가치가 있기 때문이다.

예배와 가치

우리의 반응 방식을 결정하는 가치는 우리에게 큰 영향을 미치는 주입된 가족의 가치나 문화적 가치 체계에 뿌리를 두기보다는 더 깊고 더 결정적인 어떤 것, 즉 예배에 뿌리를 두고 있다. 이 지적은 더 명확한 설명과 개념이 필요하다. 그렇다면 예배는 무엇인가? 예배에 대해 생각하면 대부분 사람들은 공식적이고 눈에 보이는 종교 집회를 떠올린다. 익숙한 모든 전통이 갖춰진 주일 오전 예배를 생각한다. 그러나 우리 예배의 압도적인 부분은 주일 오전의 공식 예배 밖에서 이루어진다. 실제로 우리 삶을 형성하고 지도하는 예배는 비공식적이며 종종 우리도 모르게 일상생활의 익숙한 곳이나 활동과 관계에서 이루어진다. 우리가 알든지 모르든지 결코 예배를 멈추는 법이 없다. 자칭 가장 종교적인 사람과 자칭 가장 비종교적인 사람은 한 가지 공통점이 있다. 예배가 존재한다고 절대 생각하지 못했을 곳에서 매일 예배하고 있다는 것이다.

어떻게 이런 일이 일어나는지 이해하기 위해서는 예배란 단순히 사람들이 자신을 드리는 어떤 행위가 아님을 이해해야 한다. 예배는 모든 사람이 공유하는 근본적인 **정체성**이다. 인간이라는 것은 예배하는 존재라는 뜻이다. 하나님은 우리 인간됨의 통제 센터인 우리 마음을 예배의 중심지가 되도록 설계하셨다. 다시 말해서 우리 마음은 항상 무엇인가의 지배를 받고 있다. 우리는 늘 무엇인가를 위해 살아가고 있다. 항상 우리에게 생명을 주리라 생각하는 무엇인가(우리가 어떻게 정의하든)를 추구하며 살고 있다. 예수님은 이 예배의 역동성을 **보물**이라는 단어로 포착하여 설명하신다(마 6:19-21). 보물은 추구하고 소유하며 누리고 축하할 가치가 있는 무엇인가를 말한다. 그리스도의 가르침에는 세 가지 '보물의 원리'가 포함되어 있다.

1. 모든 사람은 일종의 보물을 목적으로 살아간다.
2. 우리가 보물로 삼는 것이 우리의 마음을 지배한다.
3. 우리 마음을 지배하는 것이 우리의 말과 행동을 지배한다.

이것이 소셜 미디어에서 벌어지는 역기능적 난장판과 무슨 상관이 있는지 궁금할 수 있다. 이제 알아보겠다. 먼저 이것이 보물에 이끌려 벌어지는 일임을 이해하지 않으면 그 난장판의 본질을 결코 제대로 이해할 수 없다. 어떤 가치들은 매일 우리의 온라인상의 대화를 어둡게 만드는 유해성을 부채질한다. 스스로 알든 모르든 사람들은 인간됨의 본질이 그러하기 때문에 보물을 쫓아 글을 올린다. 우리가 어떤 행동을 하고 어떤 말을 하든지 일종의 보물을 쫓아 그런 말을 하고 행동한다고 볼 수 있다. 친구를 논쟁에서 제압하고 굴욕을 안긴다면 그 시점에 관계보다 이기는 것이 더 귀중한 보물이었기 때문에 그런 행동을 한 것이다. 일에 몰입하다가 자녀와 시간을 보내지 못하거나 아내와 함께하는 시간이 없다면 물질적 성공이 가족보다 더 귀중한 보물이 되었기 때문일 수 있다. 직장에서 음란물 사이트를 검색한다면 성적 쾌락이 신실하고 성실한 직원이 되는 것보다 더 중요하기 때문이다. 비만으로 건강에 문제가 생긴다면 식탐이 자신의 신체적 건강보다 더 귀중한 보물이기 때문이다. 소셜 미디어에서 악플로 사람들을 괴롭힌다면 낚시성 게시물로 상대방을 이기는 것이 온유하고 오래 참으며 자비로운 사랑보다 더 소중한 보물이 되었기 때문이다.

성경은 오직 두 가지 범주의 보물만 존재한다는 점을 분명히 하고 있다. 예수님은 우리 마음이 지상의 보물에 사로잡히든지 아니면 하늘의 보물에 사로잡힌다고 말씀하셨다(마 6장). 사도 바울은 우리가 창조주를 섬기게 되든지 아니면 피조물을 섬기게 된다고 말한다(롬 1장). 우리가 하는 모든 말과 행동은 이 중 하나에 지배적인 영향을 받거나 좌우된다. 하나님은 예배하고자 하는 성향을 따라 사랑과 섬김으로 즐겁게 복종하는 가운데 그분에게 나아감으로 마음의 만족을 누리도록 우리를 창조하셨다. 죄는 우리가 하나님에게서 돌아서서 끝없는 하나님의 대체물들을 사랑하고 섬기며 복종하도록 만든다. 오직 하나님만이 주실 수 있는 마음의 만족을 피조물에게서 구한다. 이 말은 우리가 하는 말이나 게시하는 모든 내용이 하나님 혹은 피조물의 지배를 받는 마음에서 비롯되었다는 뜻이다. 우리가 어떤 말과 행동을 하든지 그것은 모두 무엇인가를 추구하는 행위의 일환이다.

이제 핵심적인 내용을 요약하고 설명해 보도록 하자. **우리가 이 유해한 난장판 속으로 들어가는 길을 예배한다면 이 문제를 해결하기 위해 이 난장판에서 탈출할 방법을 예배해야 할 것이다.** 우리가 하는 말이나 세상을 바라보는 시각, 상황을 평가하는 방식, 옳고 그름에 대한 판단 기준, 기분이 상할 때 반응하는 태도, 선택과 결정의 방식, 자신의 행동과 반응에 대한 평가 방식은 모두 우리가 무엇을 섬기느냐에 지배를 받고 영향을 받는다. 우리 마음을 지배하는 것이 무엇인지, 가장 중요하게 생각하는 것은 무엇인지, 없으면 살 수 없다고 생각하는 것은 무엇인지, 다시 말해서 우리가 무엇을 섬기는지는 항상 소셜 미디어나 집, 직장, 교회, 공공의 영역에서의 매일 일상적 관계에서 어떻게 처신하느냐를 통해 드러난다. 그러므로 이런 영역들을 더럽히는 유해한 반응성에 계속 일조하고 있다면 여기서 벗어날 방도는 새로운 소셜 미디어나 개인적 관계의 규칙이 아니다. 반응의 조절이 아니라 예배의 재정립이 그 출구가 될 것이다.

그리스도인들의 소셜 미디어 풍경이 현재 이 모양인 이유는 **우리가 말과 달리 하나님을 그렇게 사랑하지 않기 때문이다.** 우리가 서로에게 반응하고 대응하는 방식을 보면, 우리가 하나님이 사랑하시는 것을 실제로 사랑하지 않고 하나님이 귀하게 여기시는 것을 귀하게 여기지 않음이 여실히 드러난다. 아마 우리가 원하는 것, 우리 자신이나 누군가가 마땅히 받아야 한다고 생각하는 대우가 하나님의 거룩하신 부르심과 하나님의 영광보다 더 중요할 것이다. 이 땅에서 의와 진리와 사랑의 하나님 나라보다 다른 나라에 충성하는 것이 더 중요할 것이다. 우리는 우리 왕의 충성스러운 종이 되기보다 우리 스스로 왕이 되기를 원할 것이다.

알다시피 그리스도인들의 소셜 미디어에 횡행하는 비열함, 성급한 판단, 인신공격, 잔인함, 보복, 부정은 하나님의 법을 어기는 짓이기도 하지만 특별히 우리를 위해 이런 법을 만든 분과의 관계를 어기는 것이다. 십계명을 생각해 보라. 우리는 하나님의 명령을 지키고, 그분이 귀히 여기시는 것을 귀히 여기며, 그분을 위한 사랑과 그분의 영광을 위한 열망으로 우리 마음이 실제적이고 기능적으로 지배받을 때만 그분이 사랑하시는 것처럼 사랑할 수 있을 것이다. 우리의 가치는 항상 우리가 섬기는 대상에 의해 결정된다. 우리의 행동은 항상 우리가 섬기는 대상의 지배를 받는다. 온라인의 글이든, 실제 입으로 내뱉는 말이든, 우리의 말은 항상 우리가 섬기는 대상의 지배를 받는다. 반응성의 문화는 관계와 예배의 문제이며, 이것을 고백하는 것만이 지속적인 변화가 일어날 수 있는 유일한 방법이다.

하나님이 우리 마음에 합당한 자리를 차지하고 계신다면, 그렇게 해서 그분이 중요하게 여기시는 것을 중요하게 여긴다면 어떤 일이 일어날지 한 가지 예를 소개하고자 한다. 갈라디아서 5:22-26을 함께 살펴보자.

> [그러나] 오직 성령의 열매는 사랑과 희락과 화평과 오래 참음과 자비와 양선과 충성과 온유와 절제니 이같은 것을 금지할 법이 없느니라 그리스도 예수의 사람들은 육체와 함께 그 정욕과 탐심을 십자가에 못 박았느니라 만일 우리가 성령으로 살면 또한 성령으로 행할지니 헛된 영광을 구하여 서로 노엽게 하거나 서로 투기하지 말지니라

이 구절은 하나님이 중시하시는 것이 무엇인지를 보여 주는 선명하고 탁월한 예시이자 변화를 자극할 수 있는 통찰력 있는 내용을 담고 있다. 바울이 성령의 열매와 육신의 열매를 대조해서 설명하고 있기 때문에 이 구절은 **"그러나"**(개역성경은 없음)라는 단어로 시작한다. 앞에서 언급했듯이 이런 자질들은 우리 안에 내주하시는 성령의 능력으로만 가능하기 때문에 그는 이런 자질들을 성령의 열매라고 부른다. 예수님은 우리가 살 수 없는 삶을 살고 우리 대신 죽으셨으며 죄와 사망을 이기고 부활하심으로 우리가 영생을 누릴 뿐 아니라 새로운 정체성과 가능성을 지니도록 하셨다. 이 가능성은 성령의 은사로만 가능하다. 그분은 죄를 깨닫게 하시고 새로운 방식으로 살아갈 힘을 주신다. 하나님은 가장 고귀하고 값비싼 제사, 그 아들의 제사를 주저하지 않고 드리실 정

도로 이 구절의 내용을 중요하게 생각하셨다. 그렇게 해서 우리가 우리 삶으로 이런 열매를 맺게 하셨다. 이것은 다음과 같은 의미가 있다.

> 하나님은 사랑을 중요하게 생각하신다.
> 하나님은 희락을 중요하게 생각하신다.
> 하나님은 오래 참음을 중요하게 생각하신다.
> 하나님은 자비를 중요하게 생각하신다.
> 하나님은 양선을 중요하게 생각하신다.
> 하나님은 충성을 중요하게 생각하신다.
> 하나님은 온유함을 중요하게 생각하신다.
> 하나님은 절제를 중요하게 생각하신다.

이 책의 핵심 질문은 이것이다. 우리도 매일 만나는 상황이나 관계에서 혹은 소셜 미디어상의 소통에서 이런 가치들을 중시하는가? 하나님이 우리 마음의 생각과 소망과 동기를 지배하셔서 그분이 소중히 여기는 것을 소중히 여기고 그분이 사랑하시는 대로 사랑하며 그분이 원하시는 대로 원하고 있는가? 개인적으로든 인터넷상으로든 우리의 모든 말이 하나님이 중시하시는 것을 중시함으로 나오게 된다면 무슨 일이 벌어지겠는가? 우리가 절대 게시하지 않거나 말하지 않을 것이 얼마나 많은가? 우리와 생각이 다른 이들에 대한 우리 반응이 얼마나 달라질 것인가? 우리를 힘들게 한다고 생각하는 이들에게 얼마나 다른 태도를 보일 것인가? 진리에 대한 방어가 얼마나 달라질 것인가? 옳고 선하며 참된 것의 원수라고 생각하는 사람들에 대해 우리 반응이 어떻게 달라질 것인가? 인종, 민족성, 문화, 사회적 계급, 지위, 성별이 다른 사람들에 대한 우리 반응이 어떻게 달라질 것인가? 우리의 말에 대한 우리의 목표가 어떻게 달라질 것인가? 핵심은 이것이다. 하나님이 중요하게 여기시는 것을 중요하게 여길 때 우리는 은혜로 우리 자신에게서 구원을 받을 수 있다는 것이다. 아직 영향을 미치는 죄로 생긴 모든 어두운 반응 본능에서 보호함을 받는다. 그리고 자신에게서 구원을 받을 때 우리는 다른 사람들에게 완전히 새롭고 아름다우며 하나님을 높이는 방식으로 반응할 것이다.

바울이 이와 같은 내용으로 이 구절의 결론을 내리는 이유가 여기에 있다. 성령이 우리 안에서 우리를 통해 이루고자 하시는 것에 가치를 둔다면 성령으로 행할 수 있다. 다시 말해, 모든 관계에서 그분이 가시는 방향으로 우리도 갈 수 있다는 말이다. 이것이 의미하는 바는 아래와 같다.

- 헛된 영광을 구하지 않는다(자신을 세상의 중심에 두고 모든 것을 자신을 중심으로 생각하지 않는다).
- 노엽게 하지 않는다(싸움의 주인공이 되고 싶어서 남을 도

발하지 않는다).
- 투기하지 않는다(당신이 받아야 할 관심을 차지한 사람들을 비하하려 들지 않는다).

이 구절의 포괄적인 문맥은 자유, 곧 복음의 은혜로만 누릴 수 있는 자유를 강조한다. 은혜는 우상숭배, 부정, 적의, 분쟁, 시기심, 분노, 경쟁의식, 분열, 이전 삶에 대한 동경의 속박에서 우리를 자유하게 해준다. 은혜는 새롭고 훨씬 더 아름답게 살도록 우리를 자유하게 해줄 뿐 아니라 그렇게 할 힘을 제공한다. 이것이 사실이라면 왜 우리는 성령이 가시는 대로 따라가지 않는가? 유일한 대답은 성령이 가시는 대로 가기를 원하지 않기 때문이다. 우리 마음속 그분이 계셔야 할 자리에 다른 것들이 차지하고 있기 때문이다. 우리의 실제적인 우상숭배를 겸손하게 고백하는 것은 주변 문화뿐 아니라 기독교 공동체에서 절실하게 필요한 변화의 첫걸음이다. 우리가 고백한 대로 우리 문제는 단순히 우리 마음이 악한 욕망에 지배당하는 문제에 한정되지 않는다는 사실을 기억해야 한다. 심지어 선한 열망도 우리 마음을 지배하면 악하게 변질될 수 있다. 우리 인생을 어느 정도 통제하고 싶어 하는 것은 좋은 일이다. 하지만 우리 마음이 그 통제의 지배를 받는다면 우리 인생과 관계가 망가질 것이다. 행복하기를 바라는 것은 좋은 일이다. 하지만 행복이 인생 목표가 된다면 끊임없이 갈망하고 좌절하며 화가 날 것이다. 정의를 알고 정의롭기를 바라는 것은 좋은 일이다. 하지만 정의가 우리 인생을 좌우한다면 매사에 비판적이 되며 사람들이 다가가기 어렵고 쉽게 남을 판단하게 될 것이다. 관계를 원하는 것은 좋은 일이다. 하지만 사람들의 인정이 마음을 지배한다면 으스대거나 고압적이거나 대인 공포증에 시달릴 수 있다. 만군의 주보다 우리 마음을 다스릴 안전한 다른 주님은 없다. 그분이 가치를 두시는 대로 가치를 두는 생활방식보다 더 나은 방법은 없다.

우리의 현재 문화 풍토에서 하나님이 중시하시는 것을 중시한다는 것이 무슨 의미인지 6가지 실제적인 예를 소개하고자 한다.

반응성 문화를 거스르는 가치

복음은 정치보다 더 중요하다. 주 예수 그리스도를 믿는 신자라면 정치가 우리의 기본적 세계관을 형성하도록 해서는 안 된다. 복음이 그 역할을 해야 한다. 신자라면 정치가 우리의 정체성을 형성하도록 해서도 안 된다. 복음이 그 역할을 해야 한다. 신자라면 정치권력에 소망을 두어서는 안 된다. 복음에서 소망을 얻어야 한다. 신자라면 세상의 왕이 아니라 만왕의 왕께 인생을 의탁해야 한다. 오늘날에는 정치와 정치권력이 인생의 중심이 될 정도로 너무 중요해졌고 우리 인생에 막강한 영향력을 미치고 있다. 기독교 공동체에서 수많은 분열과 적개심과 반응성의 온상이 되었다.

대화를 주도하고 논쟁에서 이기는 것보다 관계가 훨씬 중요하다. 복음은 전적으로 관계와 관련이 있다. 그리스도는 우리가 하나님과 화평을 누리도록 값을 지불하셨고 그 평화로 서로와 평화를 누리도록 하셨다. 복음은 하나님과의 동행이 개인적인 추구가 아니라 공동체적인 일이라고 가르친다. 무엇보다 하나님을 사랑하라는 명령에 버금가는 명령은 이웃을 내 몸과 같이 사랑하라는 명령이다. 문제는 서로와의 접촉이, 우리의 대화가, 중대한 문제에 대한 논쟁이 더 이상 대면 상태가 아닌 비대면으로 이루어진다는 것이다. 이 영역에서 사람들은 비인간화되고 있다. 사람들은 인격체가 아닌 게시물이나 클릭 수, 좋아요의 숫자가 되고 있다. 피와 살을 가진 인격체와의 관계라는 의식, 헌신이 필수적이고 결과를 감당해야 하는 이런 관계에 대한 의식의 실종으로 우리는 소셜 미디어에서 서로에 대한 관계의 가치를 인식하지 못하고 반사회적인 방식으로 행동하게 된다.

하나님의 영광은 우리가 위로받고 인정받으며 존중받는 것보다 훨씬 더 중요하다. 그러므로 매일 우리가 맞닥뜨리는 유해한 반응성은 거의 대부분 자기중심적이고 자의식 과잉 상태에서 자기를 기준으로 세상을 바라보고 경험한 결과이다. 중심에 내가 있기에 내 마음을 상하게 하고 화나게 하고 자극하는 공격은 **나**에 대한 공격으로 인식된다. 고압적이고 특권 의식에 젖은 생활방식으로는 절대 개인적인 행복이나 관계상의 평안을 누릴 수 없다. 예수 그리스도의 복음은 우리 내면에 하나님을 경외하는 마음을 불러일으켜 무슨 일을 하고 말을 하든지 그분의 영광을 목적으로 하게 된다. 자기 영광은 항상 공동체를 파괴하며, 우리보다 무한히 위대하신 분의 영광을 위해 살 때 얻는 참된 평강과 행복의 비극적 대체물이다.

하나 됨은 개인주의나 집단주의보다 훨씬 더 중요하다. 슬프게도 죄는 하나 됨보다 분열을 초래하는 데 더 능숙하다. 죄는 오직 사람들과 공동체를 이룰 때에만 성취할 수 있는 일을 개인적으로 성취할 수 있다고 착각하게 만든다. 죄는 우리를 사소한 문제, 사소한 신학적 입장 차이, 유사한 집단에 따라 분열하게 하고, 우리 집단 외의 집단들을 마치 적처럼 대하도록 한다. 소셜 미디어의 속성상 사람들은 이런 유혹에 너무나 쉽게 굴복하게 된다. 복음주의 교회가 지금처럼 분열하고 서로 다툰 적은 없었을 것이다. 예수님은 마지막 기도에서 우리의 하나 됨의 가치를 강조하셨다(요 17장 참고). 서로 하나 됨이 복음을 지지할 강력한 논거가 된다고 주장하셨다. 성경을 읽으면 이 '하나 됨'이 없어도 되는 사치품이 아니라 은혜 안에서 지속적으로 성장하며 세상에 증인이 되기 위해 필수적이라는 결론에 도달할 수밖에 없다.

사랑은 가장 미묘한 형태의 증오심보다 훨씬 가치가 있다. 사람들은 종종 내가 트위터에 올린 내용에 대해 나를 비난하고 인격을 판단하며 무시하는 반응을 보였다. 이런 류의 반응은 사랑의 마음에서 나온 것이 아니다. 내가 반성하며 스스로를 돌아보고 회개하도록 사랑으로 권면하는 내용이 아니다. 판단하고 얕보는 말이다. 슬프게도 그리스도 안에 있는 형제자매들이 이런 내용으로 나를 비난한다. 그들은 오직 성령만이 이룰 수 있는 하나 됨으로 나와 연결된 이들이다. 우리는 함께 서로에 대한 사랑으로 세상에 알려져야 한다. 무례하며 비웃고 손절하며 판단하는 미묘한 증오심은 절대 좋은 열매를 맺지 않는다. 누군가 나에게 고함을 지르며 비난하면 나는 스스로를 방어하게 된다. 마음을 열 수 없다. 오직 사랑만이 나 자신을 정직하게 바라볼 안전한 장소를 만들어 주며 나의 방어 태세를 무너뜨릴 힘이 있다. 사랑은 상대방이 나를 위하고 있으며, 죄와 의견 차이로 방해를 받을 때라도 내 편이 되어 주리라는 확신을 준다.

인격이 지위나 권력보다 더 중요하다. 현재의 기독교 문화의 실제적인 우상 중 하나는 권력이다. 정치적 권력을 목적으로 우리는 자신의 인격과 타협하고 우리가 희망을 거는 지도자들의 인격적 결함에 눈을 감는다. 하나님은 성경을 통해 교회 지도자들의 자격 요건을 알려 주셨다. 지도자의 자격 요건을 담은 전체 목록은 인격적 자질에 관한 목록이며 가르치는 능력이라는 한 가지 기술만이 예외이다. 하나님은 모든 성도에게 "내가 거룩한 것처럼 거룩하라"고 부르신다. 거룩은 언제나 권력보다 중요하다. 거룩은 지위보다 더 중요하다. 하나님은 우리를 거룩으로 부르실 뿐 아니라 매일 은혜로 우리 안에 거룩을 빚어 주신다. 소셜 미디어에는 남을 괴롭히는 그리스도인들이 너무나 많다. 교회에는 남을 괴롭히는 지도자들이 너무나 많다. 권력과 지위에 대한 욕심이 경건의 아름다움보다 더 강력한 동기로 작용한다면 기독교 공동체는 절대 건강할 수 없다.

이 장을 쓰는 동안 나는 양심에 가책을 느끼며 글을 중단할 때가 적지 않았다. 이 장을 쓰면서 나란 존재가 성경의 가치를 끊임없이 인정해야 하는 절박한 인간이라는 사실을 거듭 확인했다. 내 마음은 무엇인가를 실제 가치보다 더 부풀릴 수 있고 그렇게 하는 순간 그 가치들이 내가 말하고 행동하는 실제적인 동기로 작용하여 나의 주님과 그분의 부르심을 외면하게 된다. 우리에게 가치의 문제가 있고 이것은 곧 예배의 문제가 있음을 의미한다는 것을 인정하지 않고서는 교회와 세상에 대한 우리 증언에 너무나 해로운 유해한 반응성을 제대로 점검할 수 없다. 그러나 그리스도의 은혜로 우리는 자신을 숨기거나 부정하지 않고 자유하게 되었으므로 이런 문제들을 솔직하게 드러낼 수 있다. 예수의 생애와 죽음과 부활로 해결할 수 없는 죄나 약점이나 실패는 없다. 이 때문에 우리는 어려운 문제들을 소망을 가지고 용감하고 솔직하며 겸허하게 바라볼 수 있다. 또한 우리가 이렇게 할 때 용서하시고 능력을 덧입혀 주시는 주님의 은혜가 함께해 주리라 확신할 수 있다. 우리 마음이 진정으로 무엇을 예배하는지, 우리가 어떤 가치를 따라 사는지 돌아보며 하나님이 중요하다고 말씀하신 것을 우리도 중요하게 여기기로 결단하고 고백하는 우리가 되기를 바란다.

11
인간의 존귀함

그것은 창조의 정점에 해당하는 행위였다. 하나님은 땅의 흙을 한주먹 움켜쥐고 생기를 불어넣으셨고 그 순간 무無에서 아담이 나와 호흡하며 살아있어 온전히 기능하는 인간이 되었다. 예수님의 성육신, 십자가에 못 박히심, 부활을 제외하면 역사에서 이처럼 신비하고 경이로우며 영광스럽고 중요한 순간은 없었다. 창세기의 기사를 읽을 때 누구나 모든 행동을 멈추고 숨이 멎을 듯 경이로움을 느껴야 정상이다. 놀라움과 신비로움으로 가슴이 벅차올라야 마땅하다. 무릎을 꿇고 예배하며 엎드려야 마땅하다. 자신에 대한 생각이 달라지고 지구라고 부르는 이 작은 행성을 채우고 또 채울 다른 모든 인간 존재에 대한 생각이 달라져야 정상이다.

나는 필라델피아 센터 시티에 살고 있다. 이렇게 도심에 살고 있기에 차를 이용하지 않고 주로 걸어 다니는 편이다.

물론 나 혼자 거리를 걷지는 않는다. 매일 수많은 남자와 여자들, 소년, 소녀들과 함께 걷는다. 길을 걷다 보면 종종 하나님이 인간에게 호흡을 불어넣으셔서 사람을 만드신 순간을 생각하게 된다. 인간이라는 존재의 고귀함과 해부학적, 생리적, 정서적, 심리적, 지적, 영적 복합성과 다양성에 끊임없이 감동한다. 인간은 경이로운 존재이다. 우리는 모두 한 번씩 멈추어 서서 그 경이감을 가슴 깊이 호흡해 보아야 한다. 잠시 생각해 보라.

- 갓난아기가 태어나는 순간 얼마나 다양하고 많은 기관들이 일제히 작동하기 시작하는지
- 어린아이가 어떻게 언어를 이해하고 말하게 되는지
- 아이들이 저마다 관심 분야가 다르고 재능이 다른 이유가 무엇인지
- 너무나 다양한 내용들을 배우고 생활에 적용할 수 있는 사람들의 능력
- 만들고 창조하고 설계할 수 있는 사람들의 능력
- 완전히 다른 세계가 펼쳐지는 음악 풍경을 선보이는 작곡자의 능력
- 화폭에 아름다움을 수놓는 예술가의 안목과 솜씨
- 우리의 상상력을 사로잡는 글을 쓸 수 있는 작가의 실력
- 우리 미각이 황홀할 정도로 맛있는 음식을 만들어내는 요리

사의 실력
- 과학적, 역사적, 신학적 사실들을 전달하는 교사의 은사
- 아름답고 견고하며 실용성이 높은 건물을 짓는 건축가의 능력
- 자녀를 키우는 어머니의 부드러운 손길
- 아버지의 엄한 경고의 목소리
- 마음에 용기를 주는 친구의 따스한 포옹
- 세월에서 얻은 노인의 지혜

이런 예는 이외에도 얼마든지 들 수 있다. 우리는 하나님이 아담에게 생기를 불어넣으시던 그 순간 눈앞에 펼쳐졌던 창조 세계의 숨이 멎을 듯 빛나는 영광에 감동하며 경이로움에 젖는 시간을 가져야 한다. 절대 경이로움을 잃어버려서는 안 된다. 그 경이로움을 망각할 경우 경외감으로 마땅히 드려야 할 경배를 드리지 않을 것이며, 서로에게 경이로움으로 반응하지 않을 것이다. 모든 인간은 걸어 다니는 신비 그 자체이고, 상호 의존적이며, 신비한 것들로 서로 맞물린 유기적 체계로서 하나님의 설계대로 모두 함께 살고 호흡하며 생각하고 느끼며 일하고 웃고 예배하며 관계를 누린다. 시시하고 따분한 사람은 한 명도 없다. 인간이라는 존재는 신비한 피라미드나 세계의 최고봉, 광대한 바다, 찬란한 석양, 사나운 파도, 위대한 음악, 숨이 막힐 듯한 그림보다 더 놀랍고

위대한 피조물이다. 창조의 절정에서 한줌 흙이 살아있는 영광스러운 존재, 인간으로 만들어졌다. 이 찬란한 아름다움을 결코 망각해서는 안 된다.

하나님의 형상으로 만들어지다

그러나 이것이 다가 아니다. 하나님은 최초의 인간을 창조하실 때 다섯 단어를 말씀하셨고 이것은 사람에 대해 우리가 생각하거나 알았을 모든 것을 바꾸어 놓았다. 그분은 "우리의 형상을 따라 … 사람을 만들고"(창 1:26)라고 말씀하셨다. 이 말씀으로 이 순간은 내가 이미 설명한 것 이상으로 놀라운 영광으로 충만해지며 인류는 모든 나머지 피조물과 구분된다. 모든 피조물은 하나님의 영광을 반영한다. 모든 피조물은 그것의 설계자이자 창조주의 영광을 가리키는 손가락이 되도록 만들어졌다. 그러나 아담의 창조를 묘사할 때 사용된 표현은 하나님이 만드신 다른 존재에 대해서는 전혀 사용되지 않았다. 하나님은 이 말씀을 하셨고 모세는 그것을 기록으로 남겨 우리가 하나님의 창조 질서에서 인간 존재의 특별함과 우월성을 영원히 인정하도록 하셨다. 사람들이 하나님의 영광을 반영한다고 말하는 것만으로는 충분하지 않다. 우리는 또한 그분의 형상으로, 다시 말해서 그분의 모습으로 만들어졌다고 스스로에게나 서로에게 반복해서 말하고 되새겨야 한다. 이 사실에 도취되어야 한다. 하나님의 의도적인 계획에 따라 인간은 다른 피조물보다 하나님을 더 닮은 존재로 창조되었다. 그 다섯 마디가 없었다면 우리는 우리나 다른 사람들을 정확히 알고 이해하지 못할 것이다.

우리 자신의 정체성이나 다른 모든 인간의 정체성에 대한 이 말씀의 광범위한 함의가 무엇인지 생각해 보라. 그래야 지구상에 살았던 모든 인간이 하나님의 형상을 영원히 새긴 존재임을 진정으로 믿게 될 것이다. 인간쓰레기라는 말을 들어도 되거나 시시하고 보잘것없는 사람은 한 명도 없으며 다른 이들보다 열등한 인간도 없다. 사람들은 다른 피조물은 갖지 못한 존엄한 지위를 지니도록 하나님의 택하심을 받았다. 시편 8편의 말씀을 생각해 보라.

주의 손가락으로 만드신 주의 하늘과 주께서 베풀어 두신 달과 별들을 내가 보오니 사람이 무엇이기에 주께서 그를 생각하시며 인자가 무엇이기에 주께서 그를 돌보시나이까 그를 하나님보다 조금 못하게 하시고 영화와 존귀로 관을 씌우셨나이다 주의 손으로 만드신 것을 다스리게 하시고 만물을 그의 발아래 두셨으니 곧 모든 소와 양과 들짐승이며 공중의 새와 바다의 물고기와 바닷길에 다니는 것이니이다_시 8:3-8

"사람이 무엇이기에 주께서 그를 생각하시며"라는 질문의 문맥이 너무나 좋다. 하늘의 위대한 광활함과 달과 별의 빛나는 아름다움과 비교할 때 하찮고 미미한 인간이 어떻게 하나님의 지극한 관심의 대상이 될 수 있다는 말인가? 이 시편은 우리가 결코 망각해서는 안 되는 놀라운 대답을 제공한다. 인간이 하나님의 창조 질서에서 특별한 존재인 까닭은 이렇다.

> 하나님이 인간을 천사들보다 조금 못하게 하셨다.
> 하나님이 인간을 영화와 존귀로 관을 씌워 주셨다.
> 하나님은 인간이 그분의 손으로 만드신 것을 다스리게 하셨다.
> 하나님은 만물을 인간의 발아래 두셨다.

이 네 문장을 보면 우리는 마땅히 숨을 죽이고 멈출 수밖에 없다. 놀라서 경이로움에 휩싸일 수밖에 없다. 이 시편은 하나님이 모든 인간을 어떤 존재로 창조하셨는지 알려 주고 있다. 하나님이 우리 각자에게 이런 놀라운 지위와 정체성을 부여해 주셨다. 모든 인간의 고귀하고 신적인 존엄성은 논의나 평가의 대상이나 투표의 대상이 아니다. 창조주 하나님이 직접 이렇게 결정하시고 "우리의 형상을 따라 사람을 만들자"라는 다섯 가지 명확한 단어로 알려 주셨다. 나아가 시편 8편에서 4개의 문장으로 이 점을 더 확실하게 확인해 주셨다. 이런 정체성은 한 가지 소명을 동반한다. 하나님이 자신의 형상을 지닌 자로서 우리 각자에게 부여해 주신 존엄성을 인정하고 그런 태도로 서로를 대해야 한다는 것이다. 이 말은 상대방의 미모나 인종, 업적, 재산, 권력, 지위, 가족, 학벌, 살고 있는 동네, 소유, 도덕성, 신학, 성적 매력, 영성, 성별, 성숙함, 정서적 안전감, 지적 능력, 건강함, 은사와 능력 때문이 아니라 하나님의 모습을 닮은 자라서 존엄한 존재로 대해야 한다는 뜻이다.

나는 어떤 사람의 얼굴을 보더라도 하나님의 형상을 볼 수 있어야 한다. 나는 대도시의 인구 밀집도가 높은 지역에 살고 있다. 녹지보다는 포장도로가 더 많이 보인다. 그러나 피조 세계로 하나님의 임재와 영광을 확인하고자 필라델피아 외곽의 시골로 굳이 갈 필요가 없다. 나의 오만한 마음을 내려놓고 길거리를 지나가며 하나님의 형상을 지닌 자들을 보고 그분의 영광을 반복해서 확인하면 된다. 나는 매일 그분의 형상을 닮은 자들에게 둘러싸여 그분의 임재와 영광을 다시 확인하는 축복을 누리고 있다. 실제로 일상에서 만나는 개인들과의 관계에서는 우리가 보는 이가 어떤 존재인지, 하나님의 계획 속에서 모든 인간이 무엇을 대변하는지 망각하기가 쉽다. 이런 사실을 망각할 때 우리는 사람들을 하나님의 형상을 닮은 존재로 보지 못한다. 누군가 내게 걸림돌이 되면 하나의 인격체가 아닌 물건이라도 된 것처럼 화를 낸다. 사람들을 하나님을 닮은 인격체가 아니라 해결해야 할 문제로 대한다. 사람들을 하나님의 형상을 지닌 자가 아니라 우리 성공의 수단으로 생각한다. 우리와 다르다는 이유로 사람들을 차별한다. 그리고 그렇게 함으로 인간으로서 우리가 지닌 존엄성을 부정한다. 인종과 성, 사회적 계급, 정치적 입장, 종교, 수많은 여러 다른 것들을 기준으로 사람들에 대한 판단과 태도가 달라진다. 인간을 창조하실 때 말씀하신 다섯 개의 단어를 망각한다면 우리는 무슨 일이 있더라도 존귀하고 영화로운 인격체로 사람들을 대하지 못하게 된다.

인터넷과 소셜 미디어의 세계는 우리가 지금 논의하는 문제를 한참 더 어렵게 만든다. 이러한 세상에서 사람들은 흡사 비물질적 존재와 같고, 얼굴도 없으며, 종종 이름도 드러내지 않는다. 사람들은 트위터 사용자명이나 게시물, 클릭 수, 화면상의 활자로 취급을 받는다. 마지막 게시물이나 댓글에 불과한 존재가 되며, 우리가 좋아하거나 싫어하는 생각으로 축소된다. 특정한 신학이나 정치적 입장, 세계관, 상품, 혹은 집단의 형상은 지니지만 하나님의 형상은 지니지 않는다. 이 디지털 세계에서 나는 당신이 보이지 않고 당신을 모르며 당신과 공간을 함께하지 않는다. 나는 인터넷과 소셜 미디어가 우리의 소통 방식과 서로와 교감하는 대부분을 장악함으로 우리의 인간성을 상실하게 되지 않을까 두렵다. 하나님은 인류에게 인간성을 불어넣어 주실 때 "이는 내 형상으로 만들어진 이다"라는 말씀으로 영광과 존귀로 관을 씌워 주셨다. 조회 수나 좋아요 수, 댓글 수, 리트윗 수를 세고 그것으로 누군가를 판단하면 사람들은 더 이상 내게 인격적인 존재가 아니게 된다. 일종의 가치를 전달해 주는 숫자에 불과하게 되고 그들의 인간성을 잃게 된다. 그들이 인간성을 잃어버림으로 소셜 미디어는 하나의 거대한 디지털 블랙홀이 되고, 우리는 얼굴과 얼굴로 직접 대면하고 그들의 얼굴에서 하나님의 얼굴을 볼 경우 대부분 생각지도 못했을 방식으로 서로를 대하게 된다.

대부분 사람들은 이웃을 자기 몸처럼 사랑하거나 은혜가 절실히 필요한 사람에게 은혜를 베풀 목적으로 소셜 미디어를 찾지 않는다. 대부분 사람들은 가장 최근 온유하고 따뜻한 행동을 한 사람들이 누구인지 확인하려고 좋아하는 사이트를 방문하지 않는다. 소셜 미디어에서 인간의 존엄성이나 사랑, 자비, 정의, 용서라는 주제가 사람들의 관심을 끄는 경우는 좀처럼 없다. 소셜 미디어에서 많은 시간을 보낸다고 해서 이웃을 존엄과 사랑으로 대하는 데 더 훈련되거나 성숙하게 되지는 않는다. 슬프게도, 소셜 미디어는 관계를 왜곡하고 우리의 인간성을 파괴하는 경향이 있다. 프란시스 쉐퍼Francis Schaeffer의 "인간의 인간에 대한 비인간적 행위"라는 말이 매일 그대로 자행되고 있는 것이다.[1] 다시 한번 말하겠지만 이것은 단순히 주변 문화뿐 아니라 기독교 공동체에도 동일하게 보이는 모습이다. 우리가 어떤 사람에게 반응하고 있는지, 우리의 말이 어떤 해악을 끼칠지 거의 생각하지 않고 손가락 끝으로 비난과 정죄, 위협, 비방, 조롱의 메시지를 날리기가 얼마나 쉬운지 모른다. 문자적 창조를 믿는 우리에게 인간의 존엄성은 단순히 창조의 선언일 뿐 아니라 관계의 도덕적 명령이기도 하다.

우리는 모든 공동체에 대해 매우 다른 방식으로 이 강력한 도구를 사용할 의무가 있고 그럴 만한 지식도 있다. 나는 나의 소셜 미디어 게시물을 읽는 모든 사람이 하나님의 형상으로 만들어진 존재라는 것을 기억하겠다고 수시로 마음을 다진다. 이 놀라운 도구를 사랑과 진리의 도구로 사용하고, 구원하고 회복하며 치유하는 은혜의 도구로 사용하겠다고 결심한다. 인터넷을 사용할 때 나는 실제 사람들이 내 앞에 앉아 있는 것처럼 상상하려고 노력한다. 그렇게 해서 정중하고 사랑하는 마음으로 게시물을 올리겠다고 다짐하게 된다. 트위터의 소란에 끼어들지 않고 나를 방어하는 데 급급하지 않기로 결단한다. 복음의 소명에 충실하며 사람들을 하나의 입장이나 의견 혹은 나와 다른 집단으로 축소해서 보지 않고 모든 일에 이웃을 내 몸과 같이 사랑하는 마음으로 임하기로 한다. 게시된 글을 읽고 바로 반응하기보다 충분히 생각하고 절대 성급하게 반박하지 않기로 결심한다. 하나님의 은혜의 복음에 대한 글만 게시하고 이런 강력한 도구들을 절대 사용해서는 안 되는 용도로 사용하고자 하는 유혹에서 나를 지킨다. 여러분 중에는 이 강력한 미디어 도구를 선용할 수 있음을 몸소 본으로 보여 준 이들이 있을 것이고 나는 우리 모두가 지금보다 더 나아질 수 있다고 확신한다. 소셜 미디어에 관한 한 우리는 언덕 위의 도성이 되어야 하며 누구나 볼 수 있도록 빛이 되어 줌으로 이 놀라운 미디어로 얼마나 영광스러운 일을 할 수 있는지 보여 주어야 한다. 그러나 이러한 수준에 도달하기 위해서는 진정한 고백과 회개가 필요하다.

모든 사람을 늘 존엄하게 대한다는 것이 무슨 의미인지 살펴보기에 앞서 분명히 짚고 넘어가야 할 내용이 있다. 내가 결코 소셜 미디어에 대해 좋은 게 좋다는 식의 의례적인 접근을 하도록 요청하는 것이 아니라는 것이다. 얼굴에 행복한 웃음을 지으며 타락한 세상에서 매일 감당하는 삶의 투쟁을 부정하라는 말이 아니다. 예수님의 명성을 보호한답시고 억지로 기쁜 척하라는 말도 아니다. 타락한 세상에서 살아가는 것은 쉬운 일이 아니다. 많은 사람들이 고통을 겪고 있으며 우리는 인생의 시련에 대해 정직해야 한다. 파괴적인 거짓말이 있으면 밝혀야 한다. 교회는 실패할 수 있으며 실패할 때 철저히 점검하고 실수를 통해 교훈을 배워야 한다. 꼭 거쳐야 하는 너무나 중요한 논쟁이 있다. 악에 대해 의로운 분노를 표현해야 할 때가 있다. 어둠을 드러내고 잘못을 지적해 주어야 할 사람들도 있다. 성경은 행복한 척 위장하며 진실을 부정하고 뻔한 영적 진리들을 쏟아내라고 하지 않는다. 성경적 믿음은 절대 이 타락한 세상에서 우리가 직면한 현실을 축소하거나 무시하거나 부정하라고 요구하지 않는다. 이 장은 부정해야 할 내용이 아니라 반드시 논의가 필요한 문제들에 대해 서로 어떻게 대화할지를 이야기한다. 하나님의 계획에 따른 인간의 본질과 하나님의 경륜에서 인간의 높은 위치 때문에 우리는 모든 사람을 존엄하게 대해야 한다. 그들의 신분이 무엇이며, 무슨 일을 하는지, 어떤 명분을 내세우는지는 중요하지 않다. 그들이 얼마나 문제가 많고 혐오스러운지도 상관없다. "네 이웃을 네 몸과 같이 사랑하라"는 하나님의 거룩하고 절대적인 명령에는 어떤 예외 문장도 없다.

사람들을 존엄하게 대하는 법

그렇다면 사람들을 존엄하게 대한다는 것은 무슨 의미인가?

- **무슨 일이 있더라도 모든 사람을 존중하며 대한다.** 상대방이 누구이냐에 따라 존중의 정도가 달라져서는 안 된다. 하나님의 형상을 지닌 존재이기 때문에 존중하는 것이다. 내가 생각하기에 선과 진리와 아름다움을 망치는 사람이라는 이유로 무례하게 함부로 대하지 않도록 주의해야 한다. 내가 상대방을 존중하는 이유는 그가 그럴 만한 사람이어서가 아니라 하나님이 창조하시고 존귀하다 하셨기 때문이다.
- **누구에게도 고의적으로 해를 끼치지 않는다.** 성경은 어떤

일이 있더라도 이웃에게 해를 가하지 말라고 엄중히 명령한다. 성경은 살인을 금하며 모든 보복 행위를 금하고 분노하더라도 죄를 짓지 말며 남을 험담하지 말라고 명령한다. 성경은 서로에 대한 우리의 모든 반응이 사랑에서 비롯되어야 함을 명확히 한다. 비록 상대방이 원수라도 마찬가지이다.

- **다른 사람들의 경험을 진지하게 받아들인다.** 생면부지의 사람이 내가 싫어하는 의견을 내세우면 그 사람을 비난하고 비인간화기가 너무나 쉽다. 짜증스러운 게시물을 쓴 사람이 피와 살을 가진 진짜 사람이라는 사실을 망각하기 쉽다. 게시물이나 의견, 클릭 수, 좋아요, 혹은 혹평 뒤에는 타락한 세상에서 인생의 모든 압박과 스트레스로 힘들어하는 진짜 사람이 있음을 기억해야 한다. 어떤 이유로 지금처럼 엉망이 되었는지 알 수 없지만 이 망가진 세상에서 살아가기가 쉽지 않으므로 오래 참고 공감하며 이해해 주는 것이 필요하다.

- **감사하며 관대하게 서로의 다름을 대한다.** 성경은 획일성이 아니라 하나 됨으로 우리를 부른다. 하나님은 우리를 여러 면에서 서로와 다른 존재로 창조하셨다. 우리를 위해 다른 이야기를 쓰시며 우리에게 미치는 영향도 다양하다. 우리는 동일한 방법으로 동일한 상황에 이르지 않는다. 동일한 내용을 동일하게 표현하지도 않는다. 동일한 방법으로 동일한 내용을 보고 경험하지 않는다. 하나님의 진리에 마음과 삶

을 내어드린 사람들조차 그 진리를 동일한 방향에서 바라보지 않는다. 도덕적 옳고 그름이 존재하기는 하지만 모든 차이가 도덕적 옳고 그름의 문제는 아니다. 그러므로 겸손하고 온유하며 관대하게 오래 참음과 감사함으로 서로를 대해야 한다.

- **냉담함이나 적대감이 아니라 공감하는 마음으로 사람들을 바라본다.** 이웃에게 관심이 없는 사람들, 도덕적으로 문제가 있는 사람들, 거짓을 진실이라고 우기거나 사실상 하나님의 원수로 사는 사람들을 보면 미워할 것이 아니라 긍휼히 여겨야 한다. 길을 잃은 사람이 길을 가르쳐 달라고 부탁할 때 우리는 그 사람을 미워하거나 조롱하지 않는다. 그의 형편을 딱하게 여기고 기꺼이 가야 할 방향을 알려 준다. 만약 내가 가진 것이 내 노력이 아니라 은혜로 거저 얻은 것이라면, 그것을 가지지 못한 사람에게도 똑같은 은혜가 임하기를 기원해야 하지 않겠는가?

- **다른 사람들이 하나님의 형상대로 지음 받은 존재임을 기억한다.** 아무리 노력해도 미흡할 수 있다. 대면으로 비대면으로 누구를 만나든지 "이 사람은 하나님의 형상을 닮은 자이다"라고 스스로 계속 주지시키라.

- **누구도 구속 밖에 있다고 생각하지 않는다.** 그 누구에 대해서도 하나님의 구속하시는 은혜 밖에 있는 것처럼 바라보고 반응해서는 안 된다. 누구도 구속에서 제외된 사람은 없다.

하나님의 구원하시고 죄를 깨닫게 하시며 용서하시고 변화시키시고 구속하시는 은혜의 능력이 미치지 못할 정도로 심각한 죄나 어둠이나 반역은 없다. 우리는 어둠과 죄의 구멍이 아무리 깊다 하더라도 하나님의 은혜가 더 깊다는 사실을 기억하며 모두에게 반응해야 한다.

이 장을 마감하면서 나는 시편 8편의 궁극적 성취는 예수님이라는 사실을 다시 한번 확인한다. 그분은 영광과 명예로 관을 쓰셨다. 정복하는 구원자 왕으로서 모든 만물이 그분의 발아래 엎드린다. 이로 인해 그분은 우리의 도움이자 소망이 되신다. 원수를 사랑하는 것은 우리에게 자연스러운 일이 아니다. 우리가 진리라고 아는 것을 반대하는 사람들에게 은혜의 말을 하는 것도 자연스럽지 않다. 부도덕한 삶을 사는 사람들을 존중하기가 나에게는 자연스럽지 않다. 의로운 분노보다 악한 분노가 더 쉽다. 그러므로 나는 내가 도움이 필요한 사람이라는 사실과 다시 마주한다. 아마 여러분도 그러리라 생각한다. 예수님의 속성과 사역으로 우리는 그 도움을 받을 수 있다. 바로 지금 이 자리에서 그 도움을 구하지 않겠는가? 자신의 실패를 고백하고 용서를 받으며 능력을 덧입혀 주시는 은혜를 간구하라.

12
주님과의 동행

소셜 미디어가 처음 등장했을 때부터 나는 그것을 복음 선포와 권면을 위한 강력한 도구로 보았다. 매일 여러 사이트에 복음에 관한 내용을 올렸고 그래서인지 상당히 많은 팔로워들을 거느리게 되었다. 이 말은 내가 꾸준히 악플의 대상이 될 수 있다는 말이다. 다시 말해서 조롱이나 비난을 받고 희화의 대상이 된다는 말이다. 그러므로 나는 현실에서 주님의 임재와 능력과 중단 없는 역사를 믿는 것처럼 소셜 미디어에도 주님의 임재와 능력과 역사가 일어나기를 믿으며 헌신하고 있다. 내가 전념해서 감당해야 하는 훈련이었다. 그리고 주님의 임재에 대한 확신을 가지고 살기 위해 노력하기 때문에 그분의 모범대로 따르고자 최선을 다했다.

어떤 인간도 예수님처럼 무시당하지 않았다. 그 누구도 그분처럼 심한 의구심의 대상이 되거나 무례한 조롱의 대상이 되지 않았다. 그 누구도 예수님처럼 인격적 부당함을 경험하지 않았다. 예수님처럼 자신을 방어할 당연한 권리가 있는 분은 없다. 하지만 그분은 그렇게 하지 않으셨다. 구속 사역에서 관심을 돌리거나 이탈하도록 자신을 두고 보지 않으셨다. 그분은 아버지의 뜻을 행하고자 오셨고 오직 그 뜻만이 그분에게 중요했다. 그분은 청중들이나 대적의 판단보다 더 강력하고 중요한 심판이 있다고 믿으셨고 그 심판자가 모든 면에서 완벽하다고 믿으셨다. 그래서 그분은 자신의 신분과 자신이 이 세상에 온 목적을 계속해서 선포하셨고 사람들의 비난에 일일이 반응하지 않으며 자신을 변호할 기회를 사용하지 않으셨다. 위협을 받을 때도 의연하게 견디셨다. 이런 분의 존재가 내게 매일의 희망이자 위로가 된다. 그분이 계시기에 내 길에서 이탈하지 않을 수 있고 소명을 잊지 않으며 나의 사명을 감당할 수 있다.

나 역시 유사한 공격을 당하므로 예수님의 모범은 내게 실제적인 지침을 준다. 베드로는 이와 같이 말했다. "욕을 당하시되 맞대어 욕하지 아니하시고 고난을 당하시되 위협하지 아니하시고 오직 공의로 심판하시는 이에게 부탁하시며"(벧전 2:23). 이 구절은 지금까지 나를 보호해 주는 멘토와 같은 역할을 해주었다. 이 유해한 반응성의 문화에서 나는 지금 나와 함께해 주시는 그분의 모범을 따르고자 성실하게 노력했다. 그분의 완벽하게 거룩한 정의를 믿고자 최선을 다했다. 나는 그분이 자신을 대변하도록 부르신 자들의 명성을 보호해 주실 수 없다면 누구도 이 일을 할 사람이 없다고 생각한다. 나는 조롱을 당하더라도 맞대어 조롱하지 않을 것이다. 나를 위협하는 사람들을 위협하지 않을 것이다. 내가 섬기는 분을 알기 때문에 품격을 지키며 은혜로 견딜 것이다. 그분의 함께하심을 기억하고 매일 그분의 자녀로서 내 정체성을 되새기며 하루를 시작할 것이고 그분의 명령에 순종하며 그분의 본을 따르는 데 충실할 것이다. 그리고 이런 우리에게 현재적 축복과 미래적 보상이 있을 것을 굳건히 믿을 것이다. 나의 주님이 거룩하시고 선하신 분임을 알기에 이 모든 일에 평안과 안식을 누릴 것이다. 이런 결단이 항상 쉬운 일은 아니다. 나도 화가 난다. 순간순간 주님이 무엇을 하고 계시는지 의심이 생긴다. 나를 공격하는 사람에게 되갚아 주고 싶거나 상처를 받고 힘들어할 때도 있다. 그러나 또한 나는 모욕을 당하고 비난을 받을 때 되갚아 주고자 모든 것을 팽개치지 않는 축복을 맛보았다. 나는 매일 이 구절을 마음에 새긴다.

> 주께서 심지가 견고한 자를 평강하고 평강하도록 지키시리니 이는 그가 주를 신뢰함이니이다_사 26:3

나는 매일 아침 일어나 나를 비난하는 이들에게 나 자신을 합리화하려고 하지 않고 주님을 신뢰하려고 노력한다. 비난하는 이들에게 되갚아 준다고 절대 마음에 온전한 평강이 생기지 않는다. 그러나 주님을 신뢰하면 어디서도 발견할 수 없는 평안과 고요함과 안식을 누릴 수 있다.

이제 주님의 임재에 대한 깊은 믿음으로 행동하고 반응하며 대응한다는 것이 실제로 무엇인지 생각하며 이 책을 마무리하려고 한다.

내가 그분의 임재 안에서 안식한다면…

- **듣는 자에게 늘 은혜를 끼치는 말을 할 것이다**(엡 4:29). 은혜의 하나님을 믿기 때문에 나는 어떤 상황에서도 은혜를 끼치는 말을 할 수 있다. 하나님의 은혜는 개인의 마음의 가장 강력한 힘이며 우주에서 인생을 변화시킬 수 있는 힘이다. 그분이 계시며 내가 처한 모든 상황을 다스리시고 그분이 불러 맡기신 일을 감당할 힘을 주시기에, 그리고 내 힘으로 절대 이루지 못할 일을 이룰 힘을 주시기에 내 힘으로 변화를 이루려 초조해할 필요가 없다. 구세주의 임재와 능력 안에 안식한다면 그분만이 이루실 일을 내 말의 힘이나 인격적 감화력이나 분노나 그 밖의 무엇으로 이루려고 할 필요가 없다. **당신은 늘 은혜를 끼치는 말을 하는가?**

- **해가 지도록 분을 품지 않는다**(엡 4:26). 비판적 내용이 주를 이루고 비난과 정죄하는 말이 난무할 때 나는 우주의 보좌

에 의로운 재판관이 앉아 계신다는 사실을 기억하고 위로를 받는다. 그분은 늘 불의에 맞서 공의를 이루실 분이다. 그분은 유일하게 참으로 거룩하시며 지혜롭게 정의를 실현해 주시는 분이다. 그분이 완전하게 의로운 분노를 시행하시도록 내어맡길 수 있는 것은 은혜 덕분이다. 그분은 그분의 자녀들과 진리의 완벽한 옹호자가 되어 주신다. 그러므로 하루를 마감할 때 나는 믿음으로 나의 분노를 그분에게 내어드리며 내 인생과 사역과 내 세계가 최고로 유능한 분의 손에 맡겨져 있음을 알고 평안히 쉼을 누린다. **당신은 분을 그대로 품고 있겠는가? 아니면 그분에게 내어맡기겠는가?**

- **나의 왕국을 지으려고 하지 않고 하나님의 왕 되심에 복종한다**(마 6:33). 하나님 나라에 시민권이 있다는 것은 개인적 관계와 소셜 미디어 계정을 이용해 나만의 왕국을 지으려는 욕심에서 자유롭다는 뜻이다. 왕의 대사로 선택을 받았으므로 내가 왕이 되려고 버둥거릴 필요가 없다. 더 이상 내 '브랜드'를 만들고 추종자들을 모으며 유명해지거나 권력을 가지려고 애쓰지 않는다. 내가 인플루언서가 되려고 하는 이유는 사람들이 나를 추종하도록 하기 위해서가 아니라 그들을 나의 구주 되신 왕께 인도하기 위해서이다. 오직 그 왕과 그분의 왕국을 사랑할 때만 다른 사람들을 온전히 사랑할 수 있다. 또한 그들이 내가 만든 왕국에 복종하도록 부추기는 일에서 자유로울 수 있다. 나는 승리하시고 현존하시며 통치하시는 왕을 섬기며 그로

인해 모든 변화가 일어난다. **무엇인가에 반응할 때 당신은 누구의 왕국을 지으려고 하고 있는가?**

• **하나님의 자녀로서 마귀에게 대적할 힘이 있다고 믿는다**(약 4:7). 개인적인 영적 통찰이나 힘이 있어서가 아니라 하나님이 내 안에 함께 계시며 나를 위해 주시므로 나는 이 반응성 문화가 매일 부추기는 수많은 유혹에 "아니"라고 할 수 있다. 엉터리로 나를 비난하는 게시물을 보면 화가 나고 상처를 받으며 유해한 반응성의 웅덩이에 뛰어들어 나를 방어하는 데 총력을 기울이고 싶다. 하지만 나는 사탄을 이기신 분을 섬기므로 내 자신의 힘을 의지하지 않는다. 그러므로 나도 사탄을 대적할 수 있다. 나는 내 원수를 진심으로 사랑할 수 있고, 실제로 나를 괴롭히는 이들을 선대할 수 있으며, 위협을 받을 때 보복하지 않을 힘이 있다. 악을 악으로 갚고 싶은 유혹에 저항할 수 있다. 죄를 이기신 분이 나를 그분이 거주하실 성전으로 만드셨기 때문이다. **당신은 이 반응성 문화의 유혹에 맞설 힘을 실제로 행사하고 있는가?**

• **나를 마땅히 생각해야 할 이상으로 높이지 않는다**(롬 12:3). 만왕의 왕의 거룩하심과 무한한 권력, 완벽한 지혜, 흠 없는 사랑, 신실한 은혜 앞에 서면 겸손해지지 않을 수 없다. 우리가 자신을 정확히 볼 때는 그분의 측량할 수 없는 영광의 렌즈로 볼 때이다. 자신을 마땅히 생각해야 할 이상으로 생각하지 않는 것은 단순히 겸손하고자 애쓰는 수준과는 다르다. 하나님의 모

든 것과 우리의 실상을 보게 될 때 겸허해지는 것이다. 우리는 열린 마음과 눈으로 전능자의 엄위한 그늘 아래 살아간다. 그분의 영원한 영광은 자신의 권리, 명성, 권한, 인정, 지위에 몰두하는 인간의 교만을 무너뜨린다. **무엇인가에 반응할 때 당신은 누구의 영광과 명예와 지위를 방어하고자 애쓰고 있는가?**

• **하나님이 정해 주신 분량에 벗어나지 않게 살아간다**(롬 12:3). 내가 나의 한계에 좌절하지 않는 이유는 하나님이 나와 함께하시며 내 필요를 모두 채워 주심으로 그분이 작정하신 대로 변화될 수 있고 나를 불러 맡기신 일을 감당할 수 있음을 진심으로 믿기 때문이다. 하나님이 보잘것없는 자원을 가진 나를 방치하시지 않고 그분의 임재와 은혜의 풍성함이 없이는 절대 누리지 못했을 것을 끊임없이 공급해 주시는데 나의 한계로 낙심할 이유가 어디 있겠는가? 그러므로 나는 내 힘으로 할 수 없는 일을 하려고 억지로 애쓰지 않아도 된다. 거칠게 항변하거나, 가만두지 않겠다고 위협하거나, 필요 이상으로 분노하거나, 내 집단의 힘을 사용하겠다며 오직 하나님만이 그분의 무한한 능력과 놀라운 은혜로 하실 수 있는 일을 하려고 시도하지 않아도 된다. **당신은 무엇인가에 반응할 때 자신의 한계를 벗어나 스스로는 만들어낼 수 없는 변화를 사람들 속에 일으키려 하지는 않는가?**

• **내 세계가 통제 불능이 아니라는 것을 기억한다**(행 17:22-34). 나는 아덴 사람들에 대한 사도 바울의 대응 방식을 좋아한

다. 그는 그들이 알 수 없는 신이라고 생각하는 존재에 대해 정의해 주었다. 그는 하나님의 통치에 대해 말하면서 하나님께서 우리 인생의 정확한 수명과 우리가 거주하는 경계를 정하셨다고 말한다(17:26). 그러나 이어서 그는 참으로 위로가 되는 말을 한다. 하나님이 이렇게 하시는 이유는, 우리 각자에게 가까이 다가오심으로 언제라도 우리가 손을 내밀어 그분을 만질 수 있도록 하기 위함이라는 것이다(17:27). 하나님은 만물의 주권자이실 뿐 아니라 **주권적으로 임재**하신다. 그분의 주권성은 그분의 임재를 보장하고 그분의 임재는 우리 세계가 절대 통제 불능에 빠지지 않음을 보장한다. 그분의 임재와 통치를 믿는다면 공포, 지배욕, 혹은 자신의 권력을 과시하고자 하는 욕구 때문에 반응하지 않게 된다. 인생은 최대한의 권력과 통제력을 얻는 데 목적이 있지 않고 하늘과 땅의 만물을 영원한 능력으로 다스리시는 분 안에서 쉼을 누리는 데 목적이 있다. **당신이 다른 사람에게 반응하는 태도는 만물을 통치하시는 분의 지혜와 권능과 임재를 증거하고 있는가?**

✦

이 책의 이 마지막 장을 집필하고 있을 때 나는 모든 일에 나와 동역하는 루엘라와 주님의 임재를 의식하는 인생의 아름다움에 대해 대화를 나누고 있었다. 그녀는 "너희는 가만히 있어 내가 하나님 됨을 알지어다"(시 46:10)라는 말씀을 인용했다. 그녀가 일어나 나가자 나는 폰을 집어 들어 시편 46편을 검색해 보았다. 그리고 아내에게 전화를 걸어 덕분에 이 책을 마무리할 말씀을 찾게 되었다고 말해 주었다. 그녀는 "지금 막 적절한 마무리 말을 주시도록 하나님께 기도하고 있었어요"라고 대답했다. 그렇다. 그분은 우리와 함께 계신다. 우리를 돌아보고 계신다. 기도에 응답하시며 우리 필요를 공급해 주신다. 그분은 선하시고 은혜로우시며 후히 베푸시는 분이다. 그분의 거룩함과 사랑은 절대 모순적이지 않다. 그분의 권능은 절대 따스한 은혜를 무너뜨리지 않는다. 정확히 기억이 나지는 않지만 어느 아침 루엘라와 나는 하나님이 섬세하게 응답해 주시는 은혜로 우리와 함께하심을 다시 한번 확인했다.

그래서 나는 시편 46편으로 이 책을 마무리할까 한다. 이 시편의 세계관은 이 책의 모든 내용의 배경이 되어 준다. 사람들이 분노하고 서로 싸우는 혼란스러운 세상에서 우리는 오직 한 가지 이유로 두려워할 필요가 없다. 하나님이 하나님이시라는 것이다. 이 놀라운 시편을 묵상하며 음미하는 시간을 가지라. 지식을 얻을 뿐 아니라 더 중요하게는 변화되기 위한 시간을 가지라. 가만히 있어 하나님이 하나님 되심을 기억한다고 해서 우리가 몸담고 사는 타락한 세상의 혼란스러운 현실을 부정하라는 말이 아니다. 이런 현실은 이 시편 전반에 걸쳐 생생하게 묘사되어 있다. 가만히 있어 하나님의 하나님 되심을 기억한다는 것은 우리의 의식적인 묵상과 의식적이지 않은 묵상의 방향을 통제한다는 것이다. 사람들과 우리 세상이 얼마나 망가졌는지 추적하기 위해 이런 저런 사이트를 헤집고 다니며 시간을 허비하기보다 하나님의 영광의 생명수에 영혼을 말갛게 씻으며 보내는 것이 더 좋다. 그리고 그렇게 할 때 하나님이 은혜로 우리와 함께하심을 스스로에게 일깨워 주어야 한다.

> 하나님은 우리의 피난처시요 힘이시니
> 환난 중에 만날 큰 도움이시라
> 그러므로 땅이 변하든지
> 산이 흔들려 바다 가운데에 빠지든지
> 바닷물이 솟아나고 뛰놀든지
> 그것이 넘침으로 산이 흔들릴지라도
> 우리는 두려워하지 아니하리로다 (셀라)
> 한 시내가 있어 나뉘어 흘러
> 하나님의 성 곧 지존하신 이의 성소를 기쁘게 하도다
> 하나님이 그 성 중에 계시매 성이 흔들리지 아니할 것이라
> 새벽에 하나님이 도우시리로다
> 뭇 나라가 떠들며 왕국이 흔들렸더니
> 그가 소리를 내시매 땅이 녹았도다
> 만군의 여호와께서 우리와 함께하시니

야곱의 하나님은 우리의 피난처시로다 (셀라)

와서 여호와의 행적을 볼지어다

그가 땅을 황무지로 만드셨도다

그가 땅 끝까지 전쟁을 쉬게 하심이여

활을 꺾고 창을 끊으며 수레를 불사르시는도다

이르시기를 너희는 가만히 있어 내가 하나님 됨을 알지어다

내가 뭇 나라 중에서 높임을 받으리라

내가 세계 중에서 높임을 받으리라 하시도다

만군의 여호와께서 우리와 함께하시니

야곱의 하나님은 우리의 피난처시로다 (셀라)

_시 46편

우리가 시편 46편의 부르심에 부응해 주님 안에 **가만히 머무르는** 시간을 더 많이 가진다면 기독교 공동체와 기독교 소셜 미디어 세계의 유해한 환경에 근본적인 변화가 일어날 것이다.

주

2장

1. Eric Hoffer, *The Passionate State of Mind, and Other Apohorisms* (New York: Harper, 1955), 167. (「영혼의 연금술」, 이다미디어, 2014)

9장

1. Paul Tripp, *Do You Believe? 12 Historic Doctrines to Change Your Everyday Life* (Wheaton, IL: Crossway, 2021).

11장

1. Francis Schaeffer, *The God Who Is There, in The Francis Schaeffer Trilogy* (Wheaton, IL: Crossway, 1990), 118.

SNS에서 당신은 그리스도인인가?

1판 1쇄 인쇄 2023년 11월 20일
1판 1쇄 발행 2023년 11월 25일

지은이	폴 트립
옮긴이	김진선
발행인	조애신
편집	이소연
디자인	임은미
마케팅	전필영, 권희정
경영지원	전두표

발행처	도서출판 토기장이
주소	서울시 마포구 동교로 71-1 신광빌딩 2F
출판등록	1998년 5월 29일 제1998-000070호
전화	02-3143-0400
팩스	0505-300-0646
이메일	tletter77@naver.com
인스타그램	togijangi_books_

ISBN   978-89-7782-512-3

- 이 책은 저작권 법에 따라 보호를 받는 저작물이므로 무단 전재와 무단 복제를 금합니다.
- 이 책의 전부 또는 일부를 이용하려면 반드시 저자와 도서출판 토기장이의 동의를 받아야 합니다.

도서출판 토기장이는 생명 있는 책만 만듭니다.
"우리는 진흙이요 주는 토기장이시니 우리는 다 주의 손으로 지으신 것이니이다" (이사야 64:8)